MARC BEISE

LANG LEBE DER EURO!

Warum wir für unsere Währung
auf die Straße gehen sollten

Süddeutsche Zeitung Edition Streitschrift

© Süddeutsche Zeitung GmbH, München
für die Süddeutsche Zeitung Edition 2012

Projektleitung: Marion Meyer, Sabine Sternagel
Art Director und Umschlaggestaltung: Stefan Dimitrov
Autorenfoto: Alessandra Schellnegger
Satz: Matthias Worsch
Herstellung: Herbert Schiffers, Hermann Weixler
Druck- und Bindearbeiten: CPI – Ebner & Spiegel, Ulm
Printed in Germany
ISBN: 978-3-86497-080-1

MARC BEISE

LANG LEBE DER EURO!

Warum wir für unsere Währung
auf die Straße gehen sollten

Süddeutsche Zeitung Edition **Streitschrift**

„Man kann nicht zweimal
in denselben Fluss steigen."

Heraklit
(Griechischer Philosoph, um 500 v. Chr.)

INHALT

Einleitung

Der Euro hat derzeit vor allem Gegner, und es werden immer mehr. Schwierige Menschen sind darunter: Schreckliche Populisten. Weltfremde Wissenschaftler. Verängstigte Bürger.

Angst ist immer ein schlechter Ratgeber.

Es gibt aber auch viele wohlmeinende Euro-Kritiker: Nachdenkliche Bürger. Kluge Wissenschaftler. Verantwortungsvolle Wirtschaftsführer. Sie sind vielleicht nicht unbedingt gegen den Euro als Ganzes. Aber meistens gegen deutsche Hilfsgelder zur Rettung des Euro. Oder gegen Griechenland im Euroraum. Oder gegen Griechenland in der EU. Vielleicht sind Sie auch gegen Italien und Frankreich. Oder sogar gegen Deutschland im Euro. Jedenfalls sind sie dagegen, dass Deutschland zur Rettung des Euro immer größere Risiken eingeht.

Die Sorgen sind durchaus berechtigt. Es geht hier ja nicht um die üblichen Fragen der Wirtschaftspolitik, sozusagen Themen aus dem Betrieb: Wie viel mehr Lohn ist drin? Sollen die Krankenkassen ihre Überschüsse zurückzahlen? Brauchen wir Steuersenkungen oder höhere Spitzensteuersätze? Beim Euro geht es um Wohlstand und Sicherheit der Bürger, um die großen Linien. Es geht um den Kern unseres Systems, wirtschaftlich, politisch, emotional.

Unter den Euro-Kritikern sind einige Weggefährten. Menschen, die ich persönlich schätze und deren wirtschaftspolitische Ansichten ich häufig teile. Aber beim Euro irren sie. Dies ist ein fataler Irrtum. Denn mit dem Euro ist das so ähnlich wie mit Winston Churchills berühmter Charakterisierung der Demokratie: Er ist für Deutschland und Europa im Jahr 2012 das schlechteste aller Geldsysteme, ausgenommen alle anderen. Man kann viel kritisieren, aber jede Alternative ist schlechter.

Warum das so ist, erfahren Sie in dieser Streitschrift. Wenn Sie sie gelesen haben, wissen Sie, was beim Euro schiefgelaufen ist. Wo die Gefahren für unser Geld liegen. Und warum Sie trotzdem für den Euro auf die Straße gehen sollten.

Das Euro-Desaster

Im Jahr 1998 hielt ein Wissenschaftler aus Deutschland einen Vortrag in den USA. Der Mann hieß Max Otte, war jung und als Ökonom noch ziemlich unbekannt. Aber ausgestattet mit guten Kontakten, weshalb er in Boston reden durfte, dort, wo zwei der berühmtesten Hochschulen der Welt zu Hause sind: die Harvard University und das Massachusetts Institut of Technology (MIT). Den Zuhörern kam Otte gerade recht, denn die Amerikaner wunderten sich sehr über das, was gerade auf der anderen Seite des Atlantiks vor sich ging. Diese *crazy Europeans* wollten tatsächlich eine gemeinsame Währung einführen, obwohl sie doch noch nicht einmal eine gemeinsame Armee haben und auch sonst selten mit einer Zunge sprechen – wie sollte das funktionieren können? Das werde es auch nicht, erklärte ihnen der deutsche Gast, der Euro sei eine dumme Idee und werde binnen zehn Jahren scheitern. Pünktlich 2008 begann die Euro-Krise.

Sternstunde eines Wissenschaftlers

War der Mahner gegen den Euro ein Prophet? Oder hatte er das Glück des Spielers auf seiner Seite gemäß dem Motto, wessen Uhr stehengeblieben ist, der hat trotzdem zweimal am Tag die richtige Zeit? Oder ist Max Otte, der heute als Professor an den Universitäten Worms und Graz lehrt, einen Hedgefonds steuert und den man den „Crash-Propheten" nennt, einfach ein guter Ökonom?

Jedenfalls ist er nicht allein, und seine Bücher und Interviews, die an Deutlichkeit nichts zu wünschen übrig lassen („Der Euro muss weg"), werden viel beachtet. Das ist kein Wunder, denn der Widerstand gegen den Euro wächst.

Lassen wir jene außer Betracht, die nur so daherreden. Die Wankelmütigen, die ihr Fähnchen in den Wind hängen. Die um der eigenen Eitelkeit willen in die Schlagzeilen drängen und in die Bestsellerlisten. Die gestern locker für den Euro waren und heute entschieden dagegen sind, wie es gerade passt. Übergehen wir auch jene, die Ressentiments schüren und sogar völkisches Vokabular verwenden.

Beschäftigen wir uns mit den seriösen Kritikern und ihren Argumenten. Jenen Professoren beispielsweise, die schon mehrfach vor den Schranken des Bundesverfassungsgerichts gegen den Euro angerannt sind. Leute wie Joachim Starbatty, der emeritierte Volkswirtschaftsprofessor aus Tübingen. Ein großer Denker, ein fröhlicher, warmherziger Mensch. Es gibt freilich Situationen, in denen der streitbare Ökonom keinen Spaß versteht: nämlich immer dann, wenn er wirtschaftliche Unvernunft wittert.

Starbatty war von Anfang an gegen die Einführung des Euro. Er sagt: „Der Euro begann mit einer großen Illusion: Da eine Währungsunion der Ungleichen auf Dauer unter unüberbrückbaren Spannungen leiden würde, erwarteten die Politiker vor allem in Deutschland, die Einführung des gemeinsamen Geldes sei die Initialzündung für eine umfassende Modernisierung von Wirtschaft und Gesellschaft. Das Gegenteil ist eingetreten." Und zur aktuellen Lage: „Mit den beschlossenen Hilfsmaßnahmen steuert Europa geradewegs in die Katastrophe."

So denken viele Professoren. Einige von ihnen waren, anders als Starbatty, anfänglich für den Euro. Sie ließen sich trotz fachlicher Bedenken vom politischen Elan des Euro-Kanzlers Helmut Kohl (CDU) in den 1990er Jahren beeindrucken. So zum Beispiel Otmar Issing, Architekt der Geldpolitik der Europäischen Zentralbank (EZB) und acht Jahre lang deren erster Chefvolkswirt. Als ein maßgeblicher Bundesbanker hat Issing seinerzeit den Weg zur Euro-Einführung freigemacht und sich dann in den Dienst der neuen Währung gestellt. Heute spricht er von einer „Krise mit Ansage" und beklagt die „Fehlorientierung einer Währungsunion mit mangelhaftem Rahmenwerk, das Regelverstöße nicht bestraft, sondern honoriert". Eine Krise mit Ansage? Wer das behauptet, der muss sich fragen lassen, warum er damals mitgemacht hat.

Drei Experten, fünf Ratschläge

Auch Hans-Werner Sinn, Präsident des Ifo-Instituts in München, war einmal für die Einführung des Euro. Er hängt immer noch an dieser neuen Währung. Seit Jahren aber warnt der wirkmächtige Professor vor den wachsenden Risiken für Deutschland. Wenn er in der Aula der Ludwig-Maximilians-Universität in München die Gefahren des Euro-Systems beschwört, gestützt auf Tabellen und Graphiken, dann ist der Saal brechend voll. Die meisten Politiker mögen Sinn nicht, er ist ihnen zu laut. Aber es wächst die Zahl derer, die ihm folgen, in Expertenkreisen ebenso wie in den Medien. Dass sich bei der Deutschen Bundesbank seit 2007 insgeheim gewaltige Kreditausfallrisiken ballen, hat Sinn 2011 in die Öffentlichkeit getragen, als das Thema selbst in der Bundesbank noch nicht allgemein verstanden wurde. Heute sieht Bundesbank-Präsident Jens Weidmann höchstpersönlich die Entwicklung mit Sorge. Starbatty und Sinn – zwei Namen von vielen, die den Euro in einer schlimmen Krise wähnen und nicht müde werden, die Dramatik zu beschwören.

Dabei wäre mehr Gelassenheit und der Blick aufs große Ganze angebracht.

Mehr Gelassenheit, das heißt nicht, die Augen vor der Realität zu verschließen. Die Krise ist real. Und sie ist tatsächlich eine Euro-Krise, auch wenn manche Euro-Fans dies bestreiten und darauf hinweisen, dass die Währung an sich (also in ihrem Verhältnis zu Dollar, Jen und Yuan) stabil sei und es sich deshalb im Kern (nur) um eine Verschuldungskrise handele. Stimmt und stimmt nicht. Krise ist, wenn Gewissheiten verloren gehen. Und wir sind nunmehr in einem Stadium, in dem der Euro selbst zur Debatte steht. Noch darf man sagen: „zur Debatte steht", nicht zur Disposition, aber sicher kann man nicht mehr sein; in den vergangenen Monaten sind zu viele vermeintliche Gewissheiten durch die Realität kassiert worden. Umfragen zeigen unmissverständlich, dass die Deutschen sich um den Euro sorgen, seiner überdrüssig sind. Einige wollen sogar zur D-Mark zurück.

Man würde sich gerne mit mehr Freude auf die Argumente selbst der entschiedensten Euro-Gegner einlassen, wären manche von ihnen nur nicht so kompromisslos alarmistisch. Noch schlimmer, sie sind auch missmutig und kaltherzig, dozieren schneidend, verletzen persönlich, achten nicht die Argumente der anderen, verlieren das Maß („Esperanto-Währung!"). Und sie platzieren ihre Sicht der Dinge womöglich ohne Rücksicht auf die Rahmenbedingungen. Der Wirtschaftswissenschaftler Wilhelm Hankel („Ich will die D-Mark zurückhaben"), auch ein Euro-Kläger, hat zum Schaden seines Rufs bedenkenlos auch in rechtskonservativen Zeitungen veröffentlicht, mit dem Argument: „Die drucken meine Sachen eben."

Hankel und seine Mitstreiter schaden sich und ihren Ideen durch den Ton, den sie anschlagen. Sie sprechen in ihrem Buch „Das Euro-Abenteuer geht zu Ende. Wie die Währungsunion unsere Lebensgrundlagen zerstört" durchgängig von „dreistesten Euro-Lügen". Sie nennen die Europäische Union einen „von einem Brüsseler Politbüro nach sowjetischem Muster regierten Bürokratenstaat". Ihnen fällt zur Charakterisierung des Bundesfinanzministers Wolfgang Schäuble (CDU), dessen Politik man gewiss nicht immer gutheißen muss, nur ein, dass er „entweder nicht rechnen kann oder außerstande ist, Zwänge zu sehen und Prioritäten zu setzen. Oder er denkt: Nach mir die Sintflut."

Das ist nicht meine Sprache. Auch ich habe Politik und Regierungshandeln, parteiübergreifend, seit vielen Jahren immer wieder kritisiert. Hier aber sage ich: So nicht! Wer so verächtlich über Spitzenpolitiker redet (bezeichnenderweise häufig über ausländische Politiker), tut Menschen unrecht, die sich zum Teil seit Jahrzehnten in verschiedenen Positionen engagieren, die große – auch internationale – Erfahrung gewonnen haben und um Kompromisse ringen. Sie machen Fehler, ja, sie mögen oft nicht den Kurs verfolgen, den wir für richtig halten, aber sie sind weder dumm noch bösartig.

Dass Euro-Gegner häufig so unangenehm sind, hat nach meiner Beobachtung einen einfachen, aber in diesem Zusammenhang wichtigen Grund: Sie verzweifeln an der Ignoranz der Mehrheit. Die Mehrheit hat den Euro eingeführt. Genauer: Die Mehrheit der dafür zuständigen gesetzgebenden Institutionen: Bundestag und Bundesrat, der Bundespräsident hat die entsprechenden Gesetze ausgefertigt. Mehrere Anläufe, von der höchsten

Instanz, dem Bundesverfassungsgericht, Recht zu bekommen, sind gescheitert. Die Repräsentanten des Volkes haben anders entschieden als die durch Umfragen belegte Mehrheitsmeinung im Volk – das reizt jene, die sich im Besitz der ökonomischen Wahrheit glauben. Der Euro-Gegner Otte spricht davon, dass „die politische Klasse sich dem Projekt sehr stark verpflichtet fühlt. Auf Biegen und Brechen wird die heute sehr ungesunde Situation verlängert."

Bemerkenswert ist, dass schon die Architekten des Euro, vor allem Langzeit-Bundeskanzler Helmut Kohl, um diese Stimmung wussten. Kohl 2002 über 1998: „Eine Volksabstimmung hätte ich natürlich verloren, und zwar im Verhältnis sieben zu drei". Das ist die legitimatorische Achillesferse der neuen Währung. Sie schmerzte nicht, solange der Euro für sich genommen problemlos funktionierte, aber jetzt tut sie verteufelt weh. Die Euro-Gegner schmähen die Gemeinschaftswährung als undemokratisch. Selbst der Vizepräsident des Bundesverfassungsgerichts, der Tübinger Rechtsprofessor Ferdinand Kirchhof, weist auf demokratische Defizite hin und kann sich eine Volksabstimmung über den Euro vorstellen: „Direkte Demokratie ist dort angebracht, wo für die Unionsbürger grundlegende Entscheidungen getroffen werden sollen. Dazu zählt auch der Euro."

Dabei ist doch das repräsentative System eine bewusste Entscheidung des Verfassungsgesetzgebers von 1949 gewesen. Die wenigsten Euro-Kritiker fänden Volksabstimmungen gut, wenn es um die Todesstrafe ginge. Sie kommen gar nicht auf die Idee, plebiszitäre Elemente zu fordern, wenn es um die Energiewende und die Zukunft der Atomkraft in Deutschland geht. Beim Euro aber glauben sie, sei Gefahr im Verzug. Politiker, ob dumm oder böswillig, verspielen Deutschlands Zukunft, so sehen sie das.

In Wirklichkeit liefern bei diesem Thema mehr denn je drei Experten fünf Ratschläge, während die Politik handeln muss. Darum ist sie nicht zu beneiden. Es gibt Wissenschaftler, die sympathischerweise ehrlich zugeben, dass sie froh sind, nicht selbst entscheiden zu müssen. Beim Euro nämlich gibt und gab es nie den einen, richtigen Weg.

Manchmal heißt es heute, beim Euro hätten die ökonomischen Eliten, die Professoren, die Volkswirte in den Verbänden und Unternehmen, auch die Wirtschaftsjournalisten, das Volk falsch beraten; so wie die meisten von ihnen auch die große Finanzkrise von 2007 nicht vorhergesagt hätten. Das stimmt so nicht. Warnungen gab es und es gab sie auf wissenschaftlich hohem Niveau.

Der Euro – ein Kind seiner Zeit

Diese Warnungen kann man in eine ökonomische Theorie übersetzen: die „Theorie optimaler Währungsräume". Sie wurde nicht unter Ausschluss der Fachöffentlichkeit diskutiert, im Gegenteil. Einer ihrer Vertreter, Robert Mundell, hat dafür 1999 den Wirtschaftsnobelpreis erhalten (für eine Arbeit aus dem Jahre 1961). Die Frage lautet, wann es vorteilhaft ist, einen gemeinsamen Währungsraum zu bilden: Übersteigen die Vorteile einer Währungsunion die Nachteile oder umgekehrt?

Mundell hat ein Modell mit zwei Staaten zugrunde gelegt und daran die Folgen sogenannter asymmetrischer Nachfrageschocks untersucht. Sehr kurz beschrieben, geht es darum: Wenn beispielsweise Konsumenten mehr deutsche Produkte nachfragen als französische, hat das in beiden Volkswirtschaften unterschiedliche (asymmetrische) Auswirkungen: Im einen Land steigen Produktion, Beschäftigtenzahl und Löhne, im anderen fallen Produktion und Beschäftigung. Unterschiedliche Wechselkurse können dieses Gefälle ausgleichen, sind die Kurse fix wie in einer Währungsunion, müsste der Ausgleich über andere Maßnahmen wie Steuererhöhungen oder Lohnsenkungen geschehen. Je größer die ökonomische Integration (Handel, Kapital-, Arbeitsmarktmobilität, keine großen Unterschiede im Wirtschaftszyklus) im Euroraum ist, desto eher kommen die Vorteile einer Währungsunion (kein Wechselkursrisiko, keine Transaktionskosten beim Währungstausch) zum Tragen.

Ohne diese Theorie im Einzelnen zu kennen, hatten führende deutsche Politiker intuitiv den gleichen Gedanken: Der Euro sei nur sinnvoll, wenn durch ihn aneinander gekettete Staaten sich ähnlich genug sind. Ohnehin handelt es sich bei einer Währungsunion zwischen souveränen Staaten nur um die zweitbeste Lösung. Im Normalfall der Geschichte, sagt Ex-Notenbanker Otmar Issing, fallen Staats- und Währungsgebiet zusammen. Das stand nie zur Debatte, die Frage in den wilden 90er Jahren, als die DDR gefallen war und die Systemgrenzen sich auflösten, lautete stattdessen: Wie viel politische Konvergenz muss sein?

„Man kann dies nicht oft genug sagen. Die Politische Union ist das unerlässliche Gegenstück zur Wirtschafts- und Währungsunion. Die jüngere Geschichte, und zwar nicht nur die Deutschlands, lehrt uns, dass die Vorstellung, man könne eine Wirtschafts- und Währungsunion ohne Politische Union auf Dauer erhalten, abwegig ist." Dies hat Helmut Kohl 1991 im Deutschen Bundestag gesagt.

Dass es anders kam, hat mit politischen Rahmenbedingungen zu tun, die kennen sollte, wer die Einführung des Euro schlankweg zu einem Fehler erklärt. Man muss dieses Projekt bitte schon in seiner jeweiligen Zeit sehen. Der Euro war nie eine naive Idee von Politikern, die die ökonomischen Zusammenhänge nicht überrissen hätten, sondern am Ende das politische Faustpfand der Deutschen für die reibungslose Wiedervereinigung nach der Revolution des DDR-Volkes im November 1989.

Der Zusammenhang zwischen deutscher Einheit und Euro-Einführung ist nie eindeutig geklärt worden; selbst die Aussagen der Hauptakteure sind in diesem Punkt nicht ganz klar. Ein Gegengeschäft ist nicht eindeutig belegbar. Es ist kein Verhandlungsmoment überliefert, in dem etwa Franzosen oder Amerikaner „Nein" gesagt hätten zur Wiedervereinigung, und die Deutschen ihre D-Mark gewissermaßen dagegengesetzt hätten. Aber mit dem Mauerfall war die gemeinsame Währung, die zunächst noch keinen Namen hatte, als Projekt immer im Gepäck, wenn die Vertreter Deutschlands mit den Nachbarn – insbesondere Frankreich – die neue Architektur Europas planten.

Zwei Seiten derselben Medaille

Die Idee einer Wirtschafts- und Währungsunion ist nicht erst nach dem Fall der Mauer geboren worden. Seit Kriegsende hatten alle demokratischen Parteien immer wieder eine gemeinsame Währung gefordert. Je mehr die Europäische Wirtschaftsgemeinschaft zusammenwuchs, desto dringlicher kam die alte Idee wieder auf die Tagesordnung, sie wurde in den achtziger Jahren in Brüsseler Gremien intensiv diskutiert und, was Deutschland angeht, 1988 von Bundesaußenminister Hans-Dietrich Genscher (FDP) in einem persönlichen Memorandum noch einmal zugespitzt formuliert. Es war immer klar, dass die Deutschen auf ihre D-Mark nicht ohne weiteres verzichten würden. Welche Partei das versuchen sollte, die würde bei den nächsten Wahlen hinweggefegt werden.

Dann fiel aber die Mauer und alles war anders.

In den heißen internationalen Gesprächen im Winter 1989/90 ließen Genscher und Kohl keinen Zweifel daran, dass sie die Schaffung einer Wirtschafts- und Währungsunion mittragen würden. „Deutsche und europäische Einigung sind zwei Seiten derselben Medaille", das war Helmut Kohls stetes Reden damals – und die Medaille, das war der Euro. Er frage sich – klagte Kohl einmal, ausweislich von Protokollnotizen, gegenüber dem damaligen amerikanischen Außenminister James Baker sein Leid nach einem wieder frostig verlaufenen EU-Gipfel –, was er denn noch mehr tun könne, „als beispielsweise die Schaffung einer Wirtschafts- und Währungsunion mitzutragen." (Diese und andere Zitate finden sich in der gründlichen, im Ergebnis überaus Euro-kritischen Dissertation von Jens Peter Paul „Zwangsumtausch. Wie Kohl und Lafontaine die D-Mark abschafften".)

Die Macht am Main

Wäre die Einheit ohne diese Bereitschaft, die deutsche Währung zu opfern, gescheitert? Niemand kann das wissen, aber das Risiko politischer Turbulenzen war groß. Das „Fenster der Geschichte" öffnet sich aller Erfahrung nach selten und schließt sich immer wieder sehr schnell. Für die Nachbarn war der Euro die letzte Rate, die Deutschland für zwei verlorene Weltkriege zahlte, der Abschiedsgruß der alten Weltordnung nach 1949 an die neue ab 1989.

Ein Gruß, der auch wirtschaftspolitisch konsequent zu sein schien. Damals schon wurden weit mehr als die Hälfte aller für Deutschland wichtigen, wirtschaftspolitischen Weichenstellungen auf der europäischen Ebene getroffen, die Einführung einer gemeinsamen Währung lag nahe.

Auf dem Reißbrett konstruiert, war es dafür 1998 sicher noch zu früh, doch fand die Operation sozusagen am offenen Herzen Europas statt. Der Macht des Faktischen ist es dann auch zuzurechnen, dass die Währung am Ende ohne die in Deutschland anfangs als zwingend erachtete Politische Union eingeführt wurde.

Was allerdings und immerhin geschehen ist, und das inmitten der Hektik und trotz der angeblichen Unfähigkeit der Politik, war eine bemerkenswerte Härtung der Regeln für diese Währungsunion: Der Europäische Stabilitätspakt mit seinen Obergrenzen für die Verschuldung (drei Prozent bei der Neuverschuldung, 60 Prozent für die Gesamtverschuldung). Die Einführung einer *No-bail-out*-Klausel (kein Staat soll für die Schulden der anderen zahlen müssen). Die Einrichtung einer unabhängigen Notenbank nach deutschem Vorbild und auf deutschem Boden (Frankfurt statt Paris oder Rom). Selbst der Euro-Kritiker Starbatty erkennt an, dass die EZB „noch fester auf die Erhaltung des Geldwertes verpflichtet war als die Deutsche Bundesbank", weil ihre Unabhängigkeit und das Ziel „Geldwertstabilität" in der europäischen Verfassung verankert wurden.

Die Standortwahl einer solchen Institution ist, ebenso wie die einer Konzernzentrale, keine Kosmetik. Sie ist ein weicher Faktor von Belang. Die beiden ersten Präsidenten der EZB, der Niederländer Wim Duisenberg und der Franzose Jean-Claude Trichet, waren im geldpolitischen Geiste „deutsch", also ausdrücklich stabilitätsorientiert, und als dritter Präsident galt später der Chef der Bundesbank bereits als fest vereinbart. Die Deutschen hatten ferner eine Art ungeschriebenes Erbrecht auf den Platz des einflussreichen Chefvolkswirts. Mehr Einfluss ging kaum.

Selbst heute noch, da nicht der Deutsche Axel Weber Präsident geworden ist, sondern der Italiener Mario Draghi, ist die deutsche Tradition in der Notenbank zu erkennen. Man muss die Politik des lockeren Geldes unter Trichet und Draghi nicht mitgehen wollen, wieder aber gilt, wie auch für die handelnden Politiker: Es wäre falsch zu behaupten, die Herren wären sich der deutschen Bedenken nicht bewusst.

Ein Gespräch mit Mario Draghi über den Euro in seinem Amtszimmer im 35. Stock des EZB-Hochhauses in Frankfurt am Main ist beeinflusst von der deutschen Tradition, die ihn umgibt. Dass die EZB in Frankfurt residiert, prägt die Institution anders, als wenn sie in Paris oder Rom angesiedelt wäre. Die Bank handelt zum Leidwesen ihrer Kritiker nicht mehr „deutsch", aber sie ist immer noch deutscher, als mancher Kritiker wahrhaben will.

Vor dem Hintergrund dieser Sicherungen also kam 1998 eine Dynamik auf, die plötzlich Staaten in die Euro-Startgruppe spülte, die die Aufnahme-Kriterien nicht erfüllten: Italien, Portugal und natürlich Griechenland. Diese Entscheidungen wurden am Ende selbst vom Gralshüter der D-Mark, der Deutschen Bundesbank, mitgetragen. Es blieb das kleine Häufchen der notorischen Euro-Gegner, die das Bundesverfassungsgericht anriefen – vergeblich und gegen den Zeitgeist. „Der Euro war eingeführt von der Mehrheit, nun musste es auch einmal gut sein", sagt der Unternehmensberater Roland Berger, der den Euro nie wollte, 1998 aber seinen Frieden mit ihm machte und heute um seinen Bestand bangt.

Die Ersetzung der D-Mark durch den Euro war also weder ein kalter Putsch noch verrückt. Sie war eine mutige, aber vertretbare Weichenstellung. Sie gab Deutschland in Zeiten der Globalisierung eine neue Perspektive.

Die Einführung an sich durfte freilich nur der erste Schritt einer lang andauernden Bemühung um stabile Wirtschafts-, Währungs- und Finanzbedingungen in Europa sein, das war damals allgemein bekannt und anerkannt. Aber erste Schritte in der Politik sind immer schwierig, weil der zweite, dritte und alle weiteren Schritte nicht selbstverständlich sind.

So begann das Verhängnis des Euro.

Kaum war das neue Geld gedruckt und geprägt, kaum hatten viele Millionen Europäer ihre Starter-Kits ausgepackt, befiel den Kontinent eine gefährliche Lässigkeit. Es würde schon laufen.

An der Spitze dieser Fehlentwicklung: Deutschland. In der rot-grünen Ära von Gerhard Schröder (SPD) und Joschka Fischer (Grüne) galt der Verstoß gegen die Stabilitätskriterien als lässliche Sünde. Dass ausgerechnet die Deutschen im Jahr 2003 den Stabilitätspakt zur Lachnummer machten, indem sie seine Bestimmungen für variabel erklärten und damit allen Defizitsündern *carte blanche* erteilten, war ein verheerendes Signal erst recht für die Staaten, an die vor allem bei seiner Einführung gedacht worden war.

Schleichend veränderten sich die Wirtschaftsbedingungen für einzelne Länder in der Währungsunion. Tendenziell inflationsfreudige Länder konnten sich unter dem Dach des Euro trotzdem niedriger Zinsen erfreuen, weil die internationalen Finanzmärkte sie wie Stabilitätsstaaten behandelten: sie gehörten ja jetzt dazu! Einige Länder erlagen der Versuchung des billigen Geldes und lebten weit über ihre Verhältnisse – Griechenland hat damit heute traurige Berühmtheit erlangt.

Immer noch aber hätte alles gut gehen können. Dann aber brach die Finanzkrise aus.

Im Jahr 2006 begegnete uns Max Otte wieder, er veröffentlichte das Buch „Der Crash kommt" – und er kam prompt ein Jahr später. Die Kaskade der privaten Verschuldung, das verantwortungslose Spiel mit immer teurer weitergereichten US-Immobilienkrediten eskalierte, die gewaltige, künstlich geschaffene Geldblase platzte. Im September 2008 brach die US-Investmentbank Lehman Brothers zusammen, dem Weltfinanzsystem drohte der Kollaps. Gewaltige Rettungsprogramme der großen Wirtschaftsnationen liefen an, ungeheure Geldmengen wurden gedruckt und ins System gepumpt. Für Europa hieß dies: Die ohnehin schon gewaltige Verschuldung geriet außer Kontrolle. Im Frühjahr 2010 wurde immer deutlicher, dass Griechenland seine Staatsschulden nicht mehr bedienen konnte. Irland bekam Probleme. Portugal. Spanien. Italien. Frankreich.

Im Mai 2010 wurde das erste Hilfspaket für Griechenland beschlossen, im Gegenzug brach die Europäische Zentralbank ein Tabu und begann mit dem Aufkauf von Staatsanleihen aus Südländern, die am Markt niemand mehr haben wollte. Seitdem reiht sich ein Rettungsgipfel an den nächsten, gibt die EZB immer mehr Geld in den Markt, häuft in ihren eigenen Büchern immer mehr Risiken auf. Die *No-bailout*-Klausel, also die Nichtbeistandsklausel (Art. 125) des Maastricht- und des Lissabonvertrages? Gilt nicht mehr. Die Regel, dass die EZB sich nur um die Geldpolitik kümmert und nicht Staaten finanziert? Gilt nicht mehr. Die deutsche Dominanz in der EZB? Ist nur noch schwach zu erkennen.

Das ist die Lage und sie ist nicht schön.

Musste es so kommen? Leute wie Otte sagen: Klar, hättet Ihr mal unsere Texte gelesen! Klingt gut, ist aber nur die halbe Wahrheit. Hätte es andere und bessere Regeln für Bankgeschäfte gegeben, hätte die US-Regierung Lehman Brothers nicht pleite gehen lassen, hätten deutsche Landesbanken sich nicht so viele Schrottpapiere andrehen lassen, hätte, wäre, könnte, sollte …

Dazu ein Beispiel: Hans-Werner Sinn hat einmal, viel beachtet, gefragt: „Ist Deutschland noch zu retten?" Mancher hatte die Frage nach der Lektüre dieses Bestsellers aus dem Jahr 2003 für sich mit nein beantwortet, zu zahlreich und verfestigt waren die Defizite in der deutschen Wirtschaftspolitik, die Sinn benannte. Viele gelten noch heute – und dennoch steht Deutschland derzeit so gut da wie selten in seiner Geschichte. Warum? Weil auch Sinn die Zukunft nicht deuten konnte und deshalb die Euro-Krise in ihren Ausmaßen nicht vorhergesehen hat, in der Deutschland bisher der Krisengewinner Nummer 1 ist.

Die Welt sieht Deutschland als Hort der Stabilität. Die weltweiten Anleger vertrauen der Bundesrepublik, die sich Geld zu besonders niedrigen Zinsen leihen kann, ja sogar schon Geld dafür bekommen hat, dass sie sich Geld leiht – verrückte Welt. Alle reden vom Weltuntergang, aber noch scheint immerhin die Sonne: 45 Milliarden Euro hat der Bundeshaushalt bisher an der Schuldenkrise verdient; um diesen Betrag muss der Bund wegen des Nachfragebooms weniger Zinsen für Anleihen zahlen, die er in den vergangenen drei Jahren aufgenommen hat, als bei normalen Zinssätzen. Unter diesen Umständen gelten manche der Prophezeiungen aus der Zeit vor der Eurokrise nicht mehr – was nicht heißt, dass sie damals falsch gewesen wären oder nicht wieder aktuell werden könnten. Aber in der komplexen Welt, in der wir leben, gibt es keine monokausalen Erklärungen mehr. Niemand kann alles vorhersagen. Immer kann alles anders kommen.

Schönen Gruß an dieser Stelle an alle, die immer und stets alles gewusst haben ...!

Wer glaubt, Politikern mit mathematischer Genauigkeit Ratschläge geben zu können, denkt unpolitisch. Menschen, auch Staaten, verschiebt man nicht auf dem Schachbrett. Erst war der Euro nur eine Idee, dann erstarkte diese Idee nach dem Fall der Mauer und des Eisernen Vorhangs zu einem Puzzlestück bei der Neuordnung Europas. Der Euro war Teil des Ringens zwischen den Staaten, die Regierenden entschieden sich für diesen Weg, der von den maßgeblichen, kontrollierenden Gremien wie Bundesbank und Bundesverfassungsgericht mitgegangen wurde. Dass es fast immer eine Mehrheit gegen den Euro gegeben hat, ist deshalb kein durchschlagendes Argument. Was zählt, ist der im demokratischen Prozess destillierte Wille.

Genug zur Einführung des Euro, blicken wir nach vorne. Leider macht dieser Blick keine Freude.

Deutschland bürgt mit 400 Milliarden Euro

In der Folge lauter gebrochener Versprechen steuert Europa auf eine Transferunion zu. Eine Transferunion, freilich nicht so, wie es sie auch bisher schon in der EU gibt, wo in diversen Fonds Geld gesammelt wird, mit dem zum Beispiel Infrastrukturprojekte in ärmeren Staaten finanziert werden. Sondern eine umfassende Transferunion nach dem Vorbild des deutschen Länderfinanzausgleichs: Die Reichen zahlen für die Ärmeren.

Nach dieser Logik wird Deutschland zukünftig für die Fehler anderer erst bürgen, dann zahlen. Schon heute garantiert der wirtschaftsstärkste Staat Europas vom ersten Hilfspaket für Griechenland über den Rettungsschirm EFSF bis zum neuen Währungsfonds ESM mit mehr als 400 Milliarden Euro, also bald einer halben Billion, für die Schulden anderer. Geld, das in der Summe nicht fällig werden muss, aber fällig werden kann. Zum Vergleich: Der ganze Bundeshaushalt umfasst etwa 300 Milliarden Euro im Jahr.

Mitbedenken muss man Haftungsrisiken im Verrechnungssystem der europäischen Notenbanken – ein Problem, auf das zuerst der ehemalige Bundesbankpräsident Helmut Schlesinger aufmerksam und das dann von Ifo-Präsident Sinn in die Öffentlichkeit getragen wurde. Bei diesem sperrigen, aber wichtigen Thema geht es darum: In Folge der Krise sind im alltäglichen Zahlungsverkehr zwischen den Notenbanken – nach den Anfangsbuchstaben der englischen Fachbezeichnung kurz „Target 2" genannt – ungeheure Ungleichgewichte entstanden. Bei der Deutschen Bundesbank, dem stärksten Spieler im System, haben sich seit Beginn der Finanzkrise mehr als 500 Milliarden Euro, eine weitere halbe Billion, Forderungen gegen die Notenbanken der vier Euroschuldnerstaaten aufgebaut – einfach deshalb, weil diese Staaten ihre Verbindlichkeiten im Außenhandel mit Deutschland nicht mehr in eigenen Vermögenswerten erbringen konnten, sondern mit Billigung der EZB die Druckpressen angeworfen haben. Damit erhielt die Bundesbank Target-Forderung gegen das EZB-System.

Diese Beträge sind keine Gefahr, solange das System stabil bleibt. Wer diese Kreditforderungen der Bundesbank gegen andere Notenbanken addiert, kommt (Stand März 2012) auf unvorstellbare 2,04 Billionen Euro, die im Feuer stehen, allein für Deutschland 668 Milliarden Euro – das wären 223 Transrapidstrecken. So rechnet Ifo-Präsident Sinn. Man kann ihm vorwerfen, dass er diese Summe mit einer Heftigkeit als Argument verwendet, als sei das Geld schon weg. Dabei ist es, was Sinn auch korrekt beschreibt, die Maximalsumme dessen, was verloren ist, wenn alle Krisenstaaten samt ihrer Banken Pleite gingen, doch der Euro überlebt. Zerbricht er dagegen zusätzlich, könnte Deutschlands Verlust noch um 300 Milliarden Euro größer sein.

Fest steht: So war das nie geplant. Hätte man alle diese Umstände 1998 gekannt, dann wäre der Euro wohl nie eingeführt worden.

Was heißt all das aber nun für die Zukunft? Sollen wir uns im Jahr 2012, im Angesicht der Probleme, der gebrochenen Versprechen, der düsteren Perspektiven in die deutsche Wagenburg zurückziehen? Griechenland fallen lassen? Kein weiteres Geld mehr einsetzen? Notfalls aus dem Euro austreten?

Viele Bürger denken so. Auch in der Wirtschaft ist die Zahl der Euro-Befürworter am Schwinden. Die „Großen" halten jedoch dem Euro noch die Treue. „Der Euro ist notwendig", plakatierten im Sommer 2011 Manager großer Konzerne und nannten dafür viele Gründe: geringere Kosten im Gemeinsamen Markt, neun Millionen neue Arbeitsplätze in der Eurozone, eine größere internationale Wettbewerbsfähigkeit deutscher Unternehmen.

Für Industrie-Präsident Hans-Peter Keitel steht der Euro nicht zur Debatte: „Der BDI ist vehementer Verfechter der europäischen Integration. Wir brauchen eine stabile Gemeinschaft. Dafür ist der Euro unverzichtbar. Wir wollen kein Abenteuer mit unkalkulierbaren Risiken. Der Rettungsschirm verschafft uns Zeit, um die Eurozone zu stabilisieren. Niemand hat diese Notmaßnahmen gewollt, sie sind aber nötig."

Grimmig beobachten die Industrieführer, dass einer der ihren, der frühere BDI-Präsident Hans-Olaf Henkel, zum Barrikadenkämpfer gegen den Euro geworden ist und auch noch behauptet, wie er würden viele seiner Ex-Kollegen denken, sie trauten sich nur nicht, dies zu offenbaren. Das ist wohl die unzutreffende Zuspitzung eines militanten Euro-Gegners.

Henkels Argumente teilt, wenn überhaupt, eher der inhabergeführte Mittelstand. Er rebelliert vor allem gegen den Rettungskurs der Bundesregierung, der von SPD und Grünen unterstützt wird. Kaum ein Tag vergeht, an dem der Verband der Familienunternehmen nicht seine mahnende Stimme erhebt. Die Stiftung Familienunternehmen setzte der Erklärung der Konzernchefs öffentlich eine eigene, ganz andere Sicht der Dinge entgegen. Die „Jungen Unternehmer" verließen gar ihre Chefschreibtische und fanden sich im Morgengrauen am Regierungssitz Berlin zusammen, um mit Kreide Parolen an Hauswände zu schreiben – abwaschbar, versteht sich. Ihre Präsidentin Marie-Christine Ostermann, Lebensmittelgroßhändlerin aus dem westfälischen Hamm, wird in Talkshows herumgereicht, um gegen die Hilfs-Milliarden zu streiten. „Ich bin ganz klar für den Euro", sagt sie. „Aber immer größere Rettungsschirme sind nicht der richtige Weg, um die derzeitige Krise zu lösen."

Jeder muss für seine Fehler einstehen

Dass Risiko und Haftung auseinanderfallen, sehen die Unternehmer zu Recht nicht ein. Sie selbst und ihre Belegschaften arbeiten ja auch immer unter dem Risiko des Scheiterns – warum dann nicht auch die Euro-Staaten? Warum nicht zuerst die Banken, die die Schuldenmacherei finanziert und daran verdient haben? Das ist ein ganz starkes Argument – weil die Marktwirtschaft eigentlich bedingt, dass jeder für seine Fehler einzustehen hat. Das Risiko des Verlustes ist die Kehrseite der Hoffnung auf Gewinn, beides zusammen steuert das Verhalten der Marktteilnehmer, und es steuert sie eben besser, als jede Planbehörde dies tun könnte. Wenn, ja wenn dieser Mechanismus funktioniert!

Das tat er eben nicht bei den Banken und anderen Akteuren der Finanzindustrie, die in den 1990er Jahren irrsinnige Risiken am Kreditmarkt eingegangen und dann wegen ihrer Systemrelevanz vom Staat gerettet worden sind. Und das tut er auch nicht, wenn Staaten die Folgen einer verfehlten Wirtschaftspolitik nicht selbst tragen müssen.

Helft den tapferen Griechen!

Risiko und Haftung: Es gibt eine traurig-schöne Geschichte über die Ladeoffiziere der ostindischen Handelsschifffahrt. Sie überwachten die Beladung der Segler, die um die halbe Welt zurück nach England aufbrechen sollten. Es war ein verantwortungsvolles Amt. Je mehr Waren an Bord kamen, desto höher der Profit. Wenn aber die Stabilität des Schiffs beeinträchtigt war, drohte es in den Stürmen auf der Heimfahrt unterzugehen. Bei den Ladeoffizieren gab es also zwei Typen. Der eine versah seinen Dienst in einem Hafen und war dort für viele Schiffe zuständig, die kamen und fuhren. Der andere reiste auf einem Schiff und betreute dieses, wo immer in der Welt es unterwegs war. Es gibt Berichte, wonach die Häufigkeit der Schiffsverluste bei einer der beiden Typen signifikant höher war als im anderen Fall. Raten Sie mal: Gingen mehr Schiffe unter, wenn der Ladeoffizier mit an Bord ging? Oder wenn er im Hafen blieb? Eben!

Die Banker und die Politiker sind die Ladeoffiziere von heute, und sie sind nicht an Bord.

Aber: keine Regeln ohne Ausnahmen! Nicht von ungefähr erhält in vielen Rechtssystemen der Welt, auch in Deutschland, ein überschuldetes Unternehmen im Insolvenzverfahren eine neue Chance – übrigens aus einer ganzen Reihe von Gründen: weil die Gesellschaft Fehler verzeiht, weil der werthaltige Kern der Firma gerettet werden soll, gerade auch im Interesse der Mitarbeiter, weil es sonst kein unternehmerisches Wagnis mehr gäbe. Diese Argumente gelten auch bei unserem Thema – und es kommt noch eines dazu, das es in sich hat: Wenn nämlich die Situation, aus welchen Gründen auch immer, so verfahren ist, dass der ideale Sanktionsmechanismus nicht nur den einzelnen Akteur, die einzelne Bank, das einzelne Land bestraft, sondern zu einem Flächenbrand führen würde, dann muss das Krisenmanagement modifiziert werden. Dies galt es in der Finanzkrise zu berücksichtigen, und dies gilt auch jetzt in der Euro-Krise. Damit stellt sich allerdings die Preisfrage: Wie viel Pragmatismus darf sein, wie viel Ausnahme von der Regel, ehe die Politik diskretionär wird und dann der Schaden durch Pragmatismus größer wird, als es der durch strikte Regelbefolgung gewesen wäre.

Im Mittelpunkt dieser Debatte steht heute Griechenland.

Das Land gilt allgemein als verloren. Die Schuldenlast ist weiterhin zu groß, und die Griechen haben nichts zuzusetzen. So jemand gehört, sagen die Familienunternehmer, nicht in den Euroraum. Im Februar 2012 reichte es auch dem Vorsitzenden der Geschäftsleitung des Traditionskonzerns Bosch, einem der größten Autozulieferer der Welt, organisiert als Familienunternehmen. Lange hatte Franz Fehrenbach, ein Mann, auf den die Kanzlerin hört, sich geziert, hatte bei diesem Thema die eigenen Kollegen zur Besonnenheit gemahnt, dann aber kam es brachial. Griechenland, das „Land mit Phantomrentnern und reichen Nichtsteuerzahlern", habe in der EU nichts mehr zu suchen, sagte Fehrenbach in einem Interview. Es sei „marode und in einer Solidargemeinschaft eine untragbare Belastung". Sollte Athen die EU und den Euro nicht freiwillig verlassen wollen, dann müsse die Gemeinschaft ihre Gesetze ändern und das Land ausschließen.

Sieht so Solidarität unter Partnern aus?

Es ist erstaunlich, wer sich heute alles an Griechenland sein Mütchen kühlt. Der Boulevard machte den Anfang mit beinahe täglichem Griechen-Bashing, Illustrierte folgten. Die Akropolis mit Stinkefinger auf einem Titelblatt – eine Geschmacklosigkeit. Aber der Chauvinismus erreicht mittlerweile sogar die Tagespresse. „Griechenland hat über zwei Jahre bewiesen, dass es nicht imstande ist, auch nur einfache Bedingungen zu erfüllen", hieß es im Februar 2012 in der *Welt*: „Im übertragenen Sinne handelt es sich im Fall Griechenland um einen Rotzbalg, der auf jeglichen Erziehungsimpuls nicht mehr reagiert – und trotzdem nicht bestraft wird."

Reden wir über das Land, das sich gerade quält, um die Auflagen von EU, IWF und EZB zu erfüllen? Das Land, das erstmals in seiner jüngeren Geschichte ernsthafte Anstrengungen unternimmt, eine stabilitätsorientierte Politik zu betreiben, mit überaus traurigen Folgen. Ein Land, dessen Bevölkerung im Schnitt bereits Einkommenseinbußen von 20 Prozent zu verkraften hat. Wo es vorkommt, dass Banken Schecks nicht mehr annehmen und auf den kommenden Tag verweisen, mal sehen, was dann geht. Wo die Infrastruktur zusammenzubrechen beginnt. Wo in vielen Familien selbst der Mittelschicht das Rechnen begonnen hat, wann man sich noch eine neue Tankfüllung leisten kann. Wo Eltern mit ihren Kindern zu den Großeltern aufs Land ziehen, um sich aus dem Garten zu ernähren. Wo es schon Berichte gibt, wonach Kinder vor Kindergärten oder SOS-Kinderdörfern abgestellt werden mit einem Brief an die

Heimleitung: „Meine Eltern können nicht mehr für mich sorgen, bitte seien Sie gut zu mir und kümmern sich um mich."

Ausgerechnet aus Deutschland wird also dieses tapfere Volk beschimpft, wo man monatelang über eine Erhöhung der Hartz-IV-Sätze um sechs oder mehr Euro im Monat feilscht, wo die Frage hoch und runter diskutiert wird, ob die Praxisgebühr von zehn Euro im Monat weiter erhoben werden soll oder nicht. Wo 200 Vorfeldlotsen versuchen, einen ganzen Flughafen lahmzulegen, um mehr zu verdienen als Professoren und Chefärzte. Wo Groß und Klein sich die Steuererklärung zurechtbiegen: Die einen, indem sie Schwarzgeld ins Ausland schaffen, die anderen, indem sie bei der Entfernungspauschale zum Arbeitsplatz schummeln. Wo „wulfen" Anwärter aufs Wort des Jahres ist. Wo die nach eigenem Verständnis besonders stabilitätsorientierte bürgerliche Koalition von CDU, CSU und FDP es selbst im Boomjahr 2011 nicht geschafft hat, ohne neue Schulden auszukommen und soeben für 2012 locker die Verdopplung der Neuverschuldung auf 35 Milliarden Euro plant.

Manchmal ist die deutsche Selbstgerechtigkeit schwer zu ertragen.

Trotzdem muss natürlich diskutiert werden, wie es mit dem Euro insgesamt und auch mit Griechenland weitergehen soll. Eine Gemeinschaftswährung, sagt Bosch-Chef Fehrenbach, könne nur mit einer gemeinsamen Steuer-, Haushalts- und Wirtschaftspolitik funktionieren. Dabei sollten die wirtschaftlich schwächeren Länder zunächst außen vor bleiben. „Wir kommen um ein Europa der zwei Geschwindigkeiten nicht herum." Andere plädieren für einen Nord-Euro und einen Süd-Euro. Aber wer sagt den Franzosen, dass sie nicht mehr dazu gehören? Das nämlich ist das Problem. Wer die Transferunion nicht will, der muss Deutschland allein weiterziehen lassen.

Das kann sich mindestens einer der Konzernchefs sogar vorstellen: Der Vorstandsvorsitzende des Industriekonzerns Lin-
de, Wolfgang Reitzle, ein überaus erfolgreicher Manager, sagt
öffentlich und ohne Scheu, der Euro müsse „nicht um jeden
Preis gerettet werden". Deutschland alleine? Das ist ein klarer
Standpunkt, aber ein extremer. Ein solcher Weg kommt nur
in Frage, wenn es keine andere vernünftige, realistische Lösung gibt und wenn das Risiko beherrschbar ist. Dann würde
gelten: Lieber ein Ende mit Schrecken als ein Schrecken ohne
Ende.

Noch nie haben Länder eine Währungsunion wieder verlassen – zumal eine, die auf so umfassende Zusammenarbeit
angelegt ist. Deshalb sind die Risiken eines Euro-Zerfalls
einfach nicht kalkulierbar. Sie sind jedenfalls viel höher als
beim Eintritt in den Euro. Und man bekommt nicht genau das
wieder, woran man sich erinnert. Es gibt kein Zurück in der
Geschichte. *Panta rhei*, alles fließt. Oder: „Man kann nicht
zweimal in denselben Fluss steigen." So hat es der alte Grieche
Heraklit gesagt. Wie passend.

Umgekehrt muss man doch auch sehen und anerkennen,
was gerade geschieht: Noch vor 20 Jahren wehrten sich viele
Deutsche gegen eine europäische Wirtschafts- und Finanz-
union. Sie beschworen den Wert des Wettbewerbs der Sys-
teme. Werde die Finanzpolitik vergemeinschaftet, wäre es
vorbei mit der deutschen Stabilitätspolitik, die Schuldenmen-
talität der Südstaaten einschließlich Frankreich würde domi-
nieren. Wie mühsam war es noch gewesen, den europäischen
Stabilitätspakt zu implementieren. Im Grunde stülpten ihn
die Deutschen den anderen über, er wurde dort nie wirklich
akzeptiert.

Das Bild hat sich gewandelt.

Heute wissen die Nachbarstaaten aus eigener Anschauung um den Wert von Haushaltsdisziplin. Die neuesten Daten zeigen, dass die Anpassungsprozesse in vielen der 17 Euro-Staaten gut vorankommen. Haushalte und Unternehmen haben teilweise deutlich Schulden abgebaut, die Leistungsbilanzdefizite schrumpfen, womit sich die Abhängigkeit von Kapital aus dem Ausland verringert.

Spanien hat sich eine Schuldenbremse in die Verfassung geschrieben. Die französische Regierung bequemte sich seit 2011 in Gestalt von Präsident Sarkozy zu Positionen, die früher undenkbar gewesen wären. Der Fiskalpakt, der nun in der EU beschlossen worden ist und in nationales Recht umgesetzt werden muss, zielt auf eine solide Haushaltspolitik. Wenn alles gut geht, kann er die ursprünglichen Regeln zum Schutz des Euro wieder zum Leben erwecken.

Die Staats- und Regierungschefs haben, soweit erkennbar, glaubhaft einen Prozess eingeleitet, der am Ende die Wirtschafts- und Währungsunion vollenden könnte, die im politischen Kampf der neunziger Jahre zwischen François Mitterrand und Helmut Kohl auf der Strecke geblieben ist.

Man kann nach einem guten Jahrzehnt Euro das Experiment für gescheitert erklären, wie dies viele Euro-Gegner tun. Man kann den mühsamen europäischen Prozess aber auch als willkommene Gelegenheit begreifen, unter Druck das zu erreichen, was in ruhigen Zeiten nie erreicht worden wäre.

Warum wir den Euro trotzdem brauchen

Der Euro sichert den Frieden

Im Amtszimmer von Mario Draghi, dem Präsidenten der Europäischen Zentralbank, hängt die großflächige Kopie einer alten Karte. Sie zeigt das Europa früherer Jahrhunderte. Damals waren die Grenzen anders, die Staaten und die Kräfteverhältnisse zwischen ihnen. Wim Duisenberg, der erste Präsident, hat die Karte in die EZB gebracht, und alle Nachfolger haben sie hängen lassen. Wenn Draghi über den Anteil der EZB an der Rettung des Euro redet, dann blickt der Besucher auf diese Karte. Sie vermittelt eine Ahnung davon, welchen Weg Europa in den vergangenen 300 Jahren gegangen ist. Das war kein einfacher Weg, und häufig ein blutiger.

Es ist immer wieder überraschend, wie wenig geschichtsbewusst die Euro-Debatte geführt wird. Häufig kommt das Stichwort „Frieden" erst gar nicht vor. Dabei war es genau das, was Bundeskanzler Kohl dazu bewogen hat, die Euro-Idee aufzugreifen und in die Praxis umzusetzen.

Sind denn bald 70 Jahre Frieden in Europa ein Klacks? Eine Selbstverständlichkeit, nicht mal mehr erwähnenswert? Hat denn niemand mehr Kontakte nach Frankreich, bei denen sich Gespräche über die jeweiligen Vorfahren ergeben? Weiß denn keiner mehr, in welchem Erbhass diese Völker sich einst belauerten? Der letzte Krieg liegt gerade einmal zwei Generationen zurück, das ist in der Geschichte der Menschheit ein sehr kurzer Zeitraum. Man muss doch nur auf den Balkan blicken, um zu erfahren, was passiert, wenn aus der Tiefe der Seele eines Volkes destruktive Kräfte frei werden – nur eine Flugstunde von Deutschland entfernt.

„Völker mit einer gemeinsamen Währung haben nie Krieg gegeneinander geführt. Es sei denn, man nimmt den amerikanischen Sezessionskrieg, das war ein Bürgerkrieg. Aber die haben die Währung danach geändert. Verstehen Sie? Die gemeinsame Währung ist mehr als das Geld, mit dem bezahlt wird." So sagt Helmut Kohl, der Euro-Kanzler, und er hat Recht.

Eine gemeinsame Währung ist mehr als das Geld, mit dem bezahlt wird – nicht von ungefähr stammen die ersten Überlegungen für ein neues Geld aus der unmittelbaren Nachkriegszeit. Fast wortgleich zu Kohl hatte 1946 der Gründer der CSU, Josef Müller, formuliert: „Wir brauchen eine gemeinsame europäische Währung, weil Länder, die eine gemeinsame Währung haben, nie mehr Krieg miteinander führen." Geld schien das richtige Instrument, den Kontinent, der seit Jahrhunderten so viel Leid gesehen hatte, zu befrieden. Die Partner hatten allen Grund, den Deutschen zu misstrauen, Wilhelm II. und Adolf Hitler hatten dafür gesorgt.

Mit der Europäischen Gemeinschaft, die eine Union wurde und dann ein Euro-Verbund, ist Deutschland fest eingebettet in diesem neuen, friedlichen Europa. Man kann über die „Kompromissmaschine von Brüssel" spotten, über der Regulierungswut verzweifeln. Aber es ist doch ein Geflecht gegenseitiger Interessen entstanden, manches ist verschmolzen, anderes nicht. Über die Jahre ist mit der Europäischen Union eine Wertegemeinschaft gewachsen, die so stabil ist, dass das verhängnisvollerweise für eine Selbstverständlichkeit gehalten wird.

Natürlich war der Euro für diese Wertegemeinschaft nicht zwingend. Da er aber nun mal da ist, als Krönung der Integration, schafft er Fakten. Man mag den Moment der Einführung für verfrüht halten. Dieses Band jetzt aber aufzulösen, würde eruptive Kräfte freisetzen – auch in Deutschland. Die Deutschen haben doch sonst wenig Sinnstiftendes. Sie können nicht auf Jahrhunderte *La Grande Nation* zurückgreifen, auf das unbefangene *Britannia rule the waves*. Die europäische Integration ist zu ihrer Geschichte geworden, die man deshalb weiter und anders gestalten kann, aber um Himmels willen nicht abbrechen darf.

Deutschland hat politisch von der Integration massiv profitiert. Nur dank der Europäischen Gemeinschaft hat es seinen Weg in die Welt zurückgefunden in einer Geschwindigkeit, wie das 1945 niemand für möglich gehalten hätte. Deutschland hat insbesondere den Gründungspartnern, Frankreich zumal, aber auch dem jetzt viel geschmähten Italien, viel zu verdanken. Das gemeinsame Europa gedieh zum Vorteil aller, es ging immer nach oben, vor allem für die Deutschen.

Zum ersten Mal seit 60 Jahren, so sagt es der frühere EU-Parlamentspräsident Klaus Hänsch, „verlangt Europa jetzt von den Bürgern Anstrengung, Opfer und Solidarität. Die Folgen der bisherigen Krisen konnten in den Brüsseler Institutionen abgeladen werden. Die Lösung der aktuellen Krise erfordert schnelle wirtschafts- und gesellschaftspolitische Entscheidungen in den Mitgliedstaaten." Ja, und? Dann muss man sie eben fällen, so schwer das auch ist in einem Gebilde, das mehr als ein Staatenbund, aber doch kein Bundesstaat ist.

Man soll nicht kneifen, wenn es schwierig wird.

Der jüngeren Generation, die nichts anderes kennt als ein Europa ohne Grenzen und Teilung, mag der Hinweis auf Krieg und Frieden wenig sagen. Aber auch für sie gibt es eine Begründung, aktueller denn je: die Globalisierung. Krieg wird nicht notwendig mit Waffen geführt, sondern mit Mitteln der Wirtschaft, der Rohstoffe, der klugen Köpfe. Je mehr Gemeinsamkeiten, desto unwahrscheinlicher ist ein Staatenzerwürfnis, und eine gemeinsame Währung ist dabei eine starke Klammer.

„Der Euro benötigt keinen Nachruf, sondern einen Weckruf", sagt der Direktor des Hamburgischen Weltwirtschaftsinstituts, der Schweizer Ökonom Thomas Straubhaar. „Deutschland ist in jeder Beziehung auf Europa angewiesen, politisch, gesellschaftlich und ganz sicher ökonomisch. Eine von 66 kriegsfreien Jahren verwöhnte Bevölkerung vergisst offensichtlich rasch, dass Frieden, politische Stabilität, Rechtsstaatlichkeit und die Freiheit, ohne Schranken innerhalb Europas Geld verdienen, studieren und reisen zu können, nicht zum Nulltarif zu haben ist. Das deutsche Modell einer hoch wettbewerbsfähigen Exportwirtschaft ist von offenen Märkten und vom europäischen Binnenraum existenziell abhängig. Beides aber gibt es nur mit Europa und nicht mit einer Rückkehr zu nationaler Interessenpolitik, die andernorts Gegenreaktionen provoziert."

Es fällt auf, dass es meist die Älteren sind, die den Euro in Frage stellen. Die sich an die D-Mark erinnern, an ihre starke Währung, die den Aufstieg zum Wirtschaftswunderland begleitete. Die Jugend des Jahres 2012 kann damit nicht sehr viel anfangen. Die D-Mark ist ihnen eine ferne Erinnerung an Kindertage. Ein junger Kollege in der Redaktion der Süddeutschen Zeitung, Alexander Mühlauer, hat dieses Lebensgefühl in einem Leitartikel im Dezember 2011 in Worte gefasst: „Mit der Kindheit sind später auch die Schlagbäume an den Landesgrenzen verschwunden; der Franc, der Schilling und die Lira sowieso. Die jungen Menschen haben Europa als freien Lebensraum kennen- und schätzen gelernt mit einer Währung, die das große Ganze irgendwie zusammenhält. Wer nun den Euro als größten Fehler der europäischen Integration geißelt, verunglimpft nicht nur ein erfolgreiches Zahlungsmittel, er stellt damit die europäische Idee in Frage. Dabei wissen doch gerade die älteren Deutschen von der D-Mark, wie verbindend eine Währung für Gesellschaften sein kann." Das sind die Menschen, die die kommenden Jahrzehnte gestalten. Ihnen den Euro zu nehmen, wäre ein starkes Stück.

Deutschland braucht Freunde

Politisch hätte der Ausstieg aus der gemeinsamen Währung für die Deutschen voraussichtlich katastrophale Folgen. Das in Jahrzehnten gewachsene Vertrauen in die Verlässlichkeit der Bundesrepublik Deutschland – und gerade die Verlässlichkeit war es, die den Deutschen immer wieder abgesprochen wurde – wäre dahin. Die Union würde nicht wieder einfach dorthin zurückkehren, wo sie bis 1998 gestanden hat. 1957, als die Römischen Verträge unterschrieben wurden, gab es drei Milliarden Menschen auf der Welt, heute sind es sieben Milliarden. Deutschlands Siegeszug geht zu Ende, Globalisierung heißt eben, dass die anderen auch immer besser werden.

Die Kräfte der Weltwirtschaft verschieben sich, und nicht zugunsten Europas. Die USA wanken, aber sie werden wohl wiederkommen, ja, sie kommen bereits zurück. Die Arbeitslosigkeit sinkt, das Realeinkommen steigt wieder, die Nachfrage zieht schwungvoll an. Amerika hat die Finanzkrise besser verkraftet als Europa, nationale Heiligtümer wie der Autobauer General

Motors, der noch vor zwei Jahren praktisch pleite war, reihen Erfolg an Erfolg. Länder wie China, Indien, Brasilien gewinnen stetig an Einfluss. Schwellenländer haben längst mehr zu bieten als niedrige Arbeitskosten. Große Themen tun sich auch jenseits des internationalen Handels auf, nennen wir nur Umwelt, Sicherheit und Kommunikation – es ist doch absurd anzunehmen, dass Deutschland, und sei es derzeit noch so stark, sich in dieser Welt alleine behaupten könnte. Erst recht, da das Land militärisch und sicherheitspolitisch ein Zwerg ist, das es nicht einmal beim diplomatischen Kampf um Libyen schaffte, sich richtig zu positionieren und im Weltsicherheitsrat der Vereinten Nationen allen Ernstes den Diktator Gaddafi schonte, statt mit den westlichen Partnern zu stimmen.

Auch die Euro-Krise erwischte die Deutschen zunächst auf dem falschen Fuß. Angela Merkel hatte, anders als ihr Vorgänger Kohl, kein gewachsenes Weltbild, wohin sie Deutschland führen sollte, und so sah auch ihr Krisenmanagement aus. Vom Beginn der Rettungsmaßnahmen im Mai 2010 an bis weit ins Jahr 2011 hinein lavierten die Deutschen umher: nein, nein, ja, vielleicht. Die Bundesregierung war außer Tritt. Erst unterschätzte sie die Krise, dann verstörte sie die Nachbarn mit ihrem Zickzackkurs. Der britische Publizist Timothy Garton Ash artikulierte das Unwohlsein mit seiner Bemerkung, man wisse zwar, was Deutschland von Europa, aber nicht mehr, was es für Europa wolle.

Erst der Juli-Gipfel 2011 mit seinem Beschluss, eine Art europäischen IWF zu schaffen, der den Namen ESM trägt, Europäischer Stabilitätsmechanismus, der aber auch auf deutschen Wunsch eine Beteiligung des Privatsektors – Banken, Versicherungen, Fonds – vorsah, setzte die Deutschen in die Spur. Seitdem gewinnt das Land, gewinnt seine Regierungschefin an Statur, auch aus Mangel an Alternativen. Italien? Schwer lädiert. Frankreich? Wackelt. England? Ist nicht dabei. Europa braucht Deutschland und Merkel.

Mit dem Einfluss freilich wächst auch die Kritik. Vielerorts sorgt man sich schon über die starken Deutschen. Der italienische Publizist Marco D'Eramo hält es für „eine Sache, wie sich eine Bevölkerung entwickelt, eine andere, was die Eliten vorhaben; und die leiden oft an Größenwahn. Dafür stehen immer noch Namen wie Friedrich II., Bismarck – und heute auch Angela Merkel." Das ist nun wirklich Unsinn. Größenwahn ist so ziemlich das Letzte, was Deutschland im Sinn hat. Umgekehrt wird ein Schuh daraus. Der Euro sichert den Frieden, weil er Deutschland integriert. Gerade wenn man einen deutschen Nationalismus verhindern will, setzt man besser auf Europa.

Mit dem Einfluss wächst die Verantwortung. In dieser Lage hat ein Regierungschef mehr zu bedenken als allein die deutschen Interessen. Die Kanzler Helmut Kohl und Helmut Schmidt, so unterschiedlich sie waren, wussten beide, dass Deutschland sich immer an der Seite Frankreichs bewegen muss. Jede Konstruktion, die auf eine Demütigung der *Grande Nation* gründet, wäre zum Scheitern verurteilt. Angela Merkel und Nicolas Sarkozy haben Kohl und Mitterrand, Adenauer und De Gaulle nachgeeifert – das ist Staatskunst. Zugleich wird man in Zukunft viel stärker noch als bisher auch nach Osten blicken und Polen mit einbeziehen müssen. Nicht von ungefähr ging die erste Auslandsreise des neuen Bundespräsidenten Joachim Gauck nach Warschau – ein starkes Signal!

Deutschland, Frankreich, Polen – in diesem, Weimarer Dreieck genannten, Kräftefeld darf kein Misstrauen sein. Und dann stelle man sich kurz vor, was mit diesen Beziehungen passieren würde, wenn Deutschland sich aus der gemeinsamen Währung verabschieden würde.

Nach mancher Windung ist Angela Merkel jetzt endlich dort, wo ein deutscher Regierungschef hingehört: nicht allein auf irgendeinem Feldherrnhügel, sondern mitten unter die Kollegen. Merkel will Europa zusammenhalten und das ist gut so. Nach langem Zögern hat sie zu dieser Rolle gefunden, so wie Gerhard Schröder 2002 angesichts der wirtschaftspolitischen Krise in Deutschland nach langem Zögern zur Agenda 2010 gefunden hat. Und diese Rolle wird ihr bezeichnenderweise unter den Regierenden zugebilligt. „It's now the Lady that decides", sagt der italienische Premier Mario Monti.

Mario Monti, der ins Amt gekommen ist nicht trotz der Krise, sondern wegen der Krise. Niemand soll sich eine so heikle Situation wünschen, aber die positiven Begleitumstände sollen doch wohl wenigstens genannt werden dürfen: Regierungen, die zunächst innenpolitisch unanfechtbar zu sein schienen, sind hinweggefegt worden. In Griechenland war das ein System des Nepotismus bei beiden großen Parteien, in Italien der gemeingefährliche Impresario Berlusconi. Die Politik bekommt ihre Würde zurück. Sie ist nicht mehr nur Selbstbedienung. Der Spanier Zapatero und der Grieche Papandreou regierten und reformierten mutig im Bewusstsein der kommenden Niederlage. Technokraten wie Papademos und Monti bekommen Mehrheiten im Parlament. Die Notwendigkeit einer Stabilitätskultur spricht sich in Europa herum. Wer den Euro zur Disposition stellt, verrät diese Fortschritte. Stößt die Länder wieder dorthin zurück, woher sie kommen. Schafft eine neue Unübersichtlichkeit, wo die Dinge gerade zusammenfinden.

„Der Euro muss weg?" Eine schrecklich unpolitische Forderung!

Der Euro schafft Wohlstand

Einmal im Jahr, immer Ende Januar treffen sich die weltweit wichtigsten Wirtschaftsführer und Politiker – und die, die sich dafür halten – in einem kleinen Ort in den verschneiten Graubündner Bergen, der dann einige Tage lang in die Weltnachrichten findet. Ein Jahrmarkt der Geschäfte, der Eitelkeiten und der klugen und doch irgendwie hilflosen Reden. Ob das Weltwirtschaftsforum von Davos seinem Ruf gerecht wird, zu einer besseren Welt beizutragen, darf man mit Fug und Recht bezweifeln. Man kann gut feiern in diesen Tagen in Davos und Ski fahren. Die aktiven Unternehmenslenker fädeln hier Geschäfte ein. Aber darüber reden sie nicht so gerne, die *Global World Leaders*, denn sie wollen ja die Welt verbessern. Es mag sogar sein, dass der eine oder andere Konzernlenker eine gesellschaftspolitische Erkenntnis mit nach Hause nimmt, die in Zukunft sein Handeln bestimmt, das ist aber eher die Ausnahme. Trotzdem ist Davos ein Seismograph für die Stimmung in der Weltwirtschaft. In diesem Sinne war in Davos 2012 Bemerkenswertes zu beobachten.

Es ging um Deutschland.

Üblicherweise geben in Davos die Angloamerikaner den Ton an, Ex-Präsident Bill Clinton hält Hof, Bill Gates, US-Senatoren. Auch Russen, Chinesen und Inder sind reichlich vertreten. Einige deutsche Konzernführer sind eher unauffällig unterwegs, Spitzenpolitiker kommen selten aus Berlin, und wenn, dann nur kurz. Deutschland ist nicht wichtig in Davos. Als es dem Land schlecht ging vor einigen Jahren, gab es einen Mitleidsbonus; diese ängstlichen Deutschen, fürchten sich so sehr in der Welt, dabei machen sie doch noch ganz gute Geschäfte. Dieses Mal aber war „das deutsche Modell" Thema, zog Emotionen auf sich wegen seiner Stärke, wegen seines Erfolgs in der Nach-Lehman-

Phase. Wie machen die das nur? Es war nicht zu übersehen, dass aus dem „kranken Mann Europas" eine Kraftmaschine geworden ist.

Plötzlich reisen ausländische Journalisten durch Deutschland, diesen ominösen Mittelstand zu finden, der ein zweites Wirtschaftswunder nach der Nachkriegsblüte zustande gebracht hat. So kräftig, dass die anderen Deutschland bremsen wollen, dass die Anerkennung in Neid, Mitleid in Misstrauen umschlägt. Das ist immer das beste Zeichen, dass es einem gut geht. Und das alles inmitten der Euro-Krise?

Dieses Land hatte ein herausragendes Jahr 2011, das so niemand (oder kaum jemand) erwartet hatte, drei Prozent Wachstum, Produktion am Limit, die Exporte haben die Schwelle von einer Billion Euro überschritten, so viele Menschen wie nie zuvor sind in Arbeit: mehr als 41 Millionen Jobs. Die Tarifabschlüsse des Jahres werden reichlich ausfallen, viele Konzerne zahlen Boni in Höhe mehrerer Monatsgehälter.

Krise fühlt sich anders an.

Natürlich ist dieses Glück nicht ungetrübt: Die Einkommensschere klafft weit auseinander, zwischen den 17 Millionen Jahreseinkommen des VW-Chefs Martin Winterkorn und dem Regelsatz des Hartz-IV-Empfängers gibt es keinen vernünftigen Bezug mehr. Mit Kapital ist mehr zu verdienen als mit Lohnarbeit, nicht-reguläre Arbeitsverhältnisse schießen aus dem Boden, es gibt spektakuläre Firmenpleiten und Missmanagement. Und wer zu laut betont, wie gut es Deutschland geht, der muss den Zorn und die Empörung derer ertragen, denen es persönlich nicht gut geht, die einen Job suchen oder mehrere brauchen, um ihre Ausgaben decken zu können. Dennoch: Deutschland als Ganzes steht derzeit bestens da.

Fragt sich nur: Trotz oder wegen des Euro?

Wegen des Euro, sagen zum Beispiel die deutschen Konzernchefs und Spitzenmanager in großer Mehrheit. Der Euro habe
Deutschland mehr Wohlstand gebracht. Deutschland profitiert nach einem bekannten Wort von Angela Merkel „vom
Euro wie kaum ein anderes Land". Es sind Sätze wie diese,
die die Euro-Kritiker am meisten erzürnen. Sie sehen hierin
Geschichtsklitterung, eine Verdrehung der Tatsachen aus Un-
wissenheit oder Böswilligkeit. Dabei stimmen beide Aussagen
– wenn auch in einem anderen Sinne als von den Gegnern verstanden, vielleicht auch in einem anderen Sinne, als von den
Eurofreunden gemeint.

Zunächst ist der Euro unzweifelhaft als Währung erfolgreich;
auch kritische Wissenschaftler wie der Bonner Geldökonom
Manfred J.M. Neumann attestieren das. Wer hätte das vor
zwölf Jahren gedacht, dass der Euro heute gegenüber dem
Dollar und vielen anderen Währungen mehr wert sein würde
als damals? Dieser Erfolg bleibt, selbst wenn man die Schwä-
che des Dollar wegen der expansiven Geldpolitik der US-
Notenbank gegenrechnen muss.

Unter dem Euro sind die Preise stabil geblieben. Das wird
von vielen Bürgern bezweifelt, die ungeachtet des damaligen
offiziellen Umtauschkurses von knapp 2:1, zwei D-Mark für
einen Euro, eine glatte 1:1-Umrechnung in der Eisdiele oder
beim Italiener nebenan beklagen – und Euro-Gegner nehmen
diese Stimmung dankbar auf. Dabei wissen sie selbst, dass
das, insgesamt betrachtet, nicht stimmt. Nach den Berech-
nungen von Neumann lag die Inflation in den ersten elf Jahren des Euro bis 2010 bei durchschnittlich 2,1 Prozent. Das
ist eine wichtige Aussage, denn die Preisstabilität ist in einer
Marktwirtschaft das A und O. Preise steuern den Wettbe-

werb und die Verteilung der Ressourcen. Preisstabilität regt zum nachhaltigen Sparen und Investieren an und schützt die wirtschaftlichen Laien gegen Inflation, was nichts anderes ist als eine verdeckte Besteuerung. Eine Geldentwertung von „knapp unter zwei Prozent" gilt noch als Preisstabilität, dieses Ziel hat sich die EZB in der Tradition der Bundesbank gesetzt. Allerdings haben sich ähnlich gut und besser auch Großbritannien und die Schweiz geschlagen, was zeigt, dass Deutschland ohne den Euro womöglich genauso gut zurechtgekommen wäre. Das zeigt, dass die Einführung des Euro für Deutschland keine dringende wirtschaftliche Notwendigkeit war (was auch niemand behauptet), sondern eine politisch und europapolitisch begründete Entscheidung. Sie war deshalb aber auch kein Fehler.

Der Euro hat Deutschland Stabilität gebracht

Unbestritten hilft der Euro auch dem Wirtschaftsaustausch innerhalb des Währungsraums. Durch den Wegfall der Wechselkursrisiken und die Umtauschgebühren haben sich die Kosten für grenzüberschreitende Transaktionen verringert. Das führt zu mehr Handel und Wohlstand. Auch der Privatreisende, der Tourist profitiert davon. Es war früher vielleicht romantisch, zuhause Säckchen mit ausländischem Geld zu horten, praktisch war es nicht.

Niemand profitiert mehr von offenen Grenzen als Deutschland. Der Euro steht für diese Offenheit. Stellt man ihn zur Disposition, wird die Welt wieder kleinteiliger. Aber Austausch, weltweiter Handel, schafft Wohlstand, das ist wissenschaftlich vielfach belegt, auch wenn Globalisierungskritiker das Gegenteil glauben mögen.

Es stimmt zwar, dass der deutsche Außenhandel mit Ländern außerhalb des Euroraums stärker gewachsen ist als innerhalb des Euro. Von 1999 bis 2010 sank der Anteil der Exporte in den Euroraum am Gesamtexport von 46 auf 41 Prozent. Die deutsche Wirtschaft orientiert sich stärker als früher nach Asien und Osteuropa – obwohl sie dort nicht die Vorteile einer einheitlichen Währung genießt. Aber was heißt das schon? Die Nachfrage nach deutschen Waren wächst zwar in aufstrebenden Ländern wie Russland und China viel dynamischer als in Europa, doch von den innereuropäischen Exporten profitieren mehr Erwerbstätige.

Von den 9,6 Millionen Arbeitsplätzen in Deutschland, die vom Export abhängen (4,4 Prozent direkt und 5,2 Prozent indirekt über Vorleistungen), hängen drei Millionen am Euroraum und 4,4 Millionen an Exporten in die ganze EU, so die neuesten Zahlen des Forschungsinstituts Prognos. In der Rangliste der attraktivsten Exportziele belegt die EU trotz Schuldenkrise und Wachstumsschwäche Platz 1, und unter den zehn attraktivsten Ländern finden sich noch drei einzelne EU-Staaten.

Nicola Leibinger-Kammüller, die Chefin des Maschinenbauers Trumpf in Ditzingen (eine Mittelständlerin, keine Konzernchefin), sagt: „Wir haben unglaublich vom Euro profitiert. Wir machen die Hälfte unseres Umsatzes in der Eurozone. Er hat uns Stabilität gebracht. Ich glaube an den Euro, und ich glaube an Europa. Wir brauchen Europa als starke Kraft gegen Asien und Amerika. Wir haben doch hier viel zu bieten."

Zu großer Form laufen die Euro-Kritiker auf, wenn sie die Behauptung, Deutschland sei der Hauptprofiteur des Euro, widerlegen wollen. Sie verweisen darauf, dass Deutschland in den zwölf Jahren seit Einführung des neuen Geldes europaweit mit das niedrigste durchschnittliche Wachstum gehabt habe. Tatsächlich lag es mit 1,2 Prozent (bis 2010) unter dem Durchschnitt der Euro-Länder (1,5 Prozent) oder der gesamten EU (1,7 Prozent). Im Jahr 2002, dem Jahr der Bargeld-Einführung also, stagnierte die deutsche Wirtschaft, während die Wirtschaft im Euroraum um knapp ein Prozent zulegte. Auch gemessen am Jahrzehnt vor der Einführung des Euro hat sich Deutschlands Wachstum nicht beschleunigt, nur Dänemark wuchs noch langsamer. Dafür hatten Nicht-Euro-Staaten wie Schweden, Großbritannien und die Schweiz ein höheres Wachstum. Und auch Staaten am Rande des Euro-Raums hatten ein wesentlich höheres Wachstum: Irland vier Prozent, Griechenland 2,7, Spanien 2,6 Prozent.

Griechenland vor Deutschland – spätestens hier wird klar, dass das Argument nicht taugen kann. Griechenland Euro-Profiteur, Deutschland Euro-Verlierer? Das passt eben nur, wenn man die Zeit bis zur Euro-Krise rechnet. Abgerechnet aber wird heute, im Frühjahr 2012. Da steht Griechenland am Abgrund, und Deutschland ist davon so weit entfernt wie kaum sonst jemand. 2011 ist die deutsche Wirtschaft um drei Prozent gewachsen, fast doppelt so stark wie der ganze Währungsraum.

Die anderen Staaten haben nämlich nur kurzfristig geglänzt – weil sie der süßen Verlockung des billigen Geldes erlegen sind. Aus aller Welt floss Kapital an die europäische Peripherie und löste dort einen Boom aus. Es kam zu einer Überhitzung mit viel zu stark steigenden Löhnen und einem Verlust der Wettbewerbsfähigkeit. „Die Volkswirtschaften wurden richtig *high* gemacht mit der Droge des billigen Geldes, und die EZB hat sich nicht getraut, die Zinsen zu erhöhen und die Konjunktur der Südländer abzukühlen", sagt Ifo-Präsident Sinn.

Die Kehrseite des lockeren Lebens im Süden erlebte Deutschland, um das das Geld der Investoren einen Bogen machte. Das waren die Jahre mit dem niedrigen Wachstum. Fünf Millionen Arbeitslose – wer mag sich noch daran erinnern? Die „Agenda 2010", die Umstrukturierungen in den Unternehmen, maßvolle Tarifabschlüsse, Reformen, die ordnungspolitisch orientierte Kommentatoren seit Jahren eingefordert hatten, sind von Wirtschaft und Politik umgesetzt worden als Folge der Probleme, die das Land mit dem Euro hatte.

Deutschland hat also tatsächlich vom Euro profitiert – indem er das Land zu Strukturreformen gezwungen hat.

Deutschland hat auch in einem zweiten Sinn gewonnen: Es waren nicht zuletzt die Märkte der nun so verschuldeten Südstaaten, die die Produkte der deutschen Exportindustrie aufkauften. Wer in den vergangenen Jahren regelmäßig in Griechenland war, für den lagen oder besser fuhren die Verkaufserfolge der deutschen Autobauer buchstäblich auf der Straße. Wo die Mittelschicht früher zerbeulte Altautos besaß, reihte sich nun plötzlich ein fabrikneuer VW Golf oder Audi A3 an den anderen.

Dieser Exporterfolg wird international zunehmend in Frage gestellt. Es begann mit dem *„It takes two to tango"* der damaligen französischen Wirtschaftsministerin Christine Lagarde und gipfelte in dem Ausbruch des ehemaligen US-Finanzministers Larry Summers, der Deutschland zum „Musterbeispiel eines Denkfehlers" erklärte, „für die Verwechslung eines einzelwirtschaftlichen Erfolgs mit einer Strategie für die Weltwirtschaft". Nicht von Dauer könne dessen Exporterfolg sein, nicht nachahmenswert sei er, denn: „Es gibt einfach keinen, der all dieses Zeug kaufen kann."

Die Position der Vereinigten Staaten zum Euro ist erkennbar ambivalent. Einerseits drängen sie die Europäer aus Sorge um die Stabilität des Weltfinanzsystems, alles zu tun, die Gemeinschaftswährung zu stützen. Andererseits glauben sie seit jeher nicht, dass das System funktionieren könnte: zu groß gedacht. Das Ende des Euro wäre ein amerikanischer Triumph, sagt Melvyn Krauss, emeritierter Volkswirtschaftsprofessor an der Universität New York. Nicht nur waren die Amerikaner nie glücklich über den Euro, den sie als Konkurrenz zum Dollar als Devisenreserve betrachteten. Sie sehen auch die Exportlastigkeit der deutschen Wirtschaft, die die Weltwirtschaft in Unordnung zu bringen droht, mit Argwohn. Das trifft sich dann mit dem Widerstand in Deutschland vornehmlich aus linken Kreisen, die das eigene Land wirtschaftlich abrüsten wollen.

Das klingt dann so, als sei die beschriebene hervorragende Performance eine Schande. Als sei sie widerrechtlich angeeignet. Haben sich die Deutschen auf Kosten des Auslandes, auf Kosten der Problemländer saturiert? Antwort: Ja und nein.

Ja, weil Wirtschaft immer ein Geben und Nehmen ist. Eine so exportlastige Wirtschaft wie die deutsche braucht natürlich Empfängerländer. Und die Waren (z. B. BMW, Audi und U-Boote), für die sich andere Länder (z. B. Griechenland) verschuldet haben, sind dort Teil des Problems, hier Teil der deutschen Erfolgsbilanz. Aber: Niemand war gezwungen, diese Güter zu kaufen. Oft sind es übrigens auch keine Konsum-, sondern Investitionsgüter, man denke an den deutschen Maschinenbau. Das ist schon ein merkwürdiges Verständnis von Selbstbestimmung, wenn nicht der unsolide Käufer im Fokus steht, sondern der Verkäufer.

Wer offen oder unterschwellig fordert, Deutschland müsse seinen Leistungsbilanzüberschuss aktiv reduzieren, müsse für seinen Wirtschaftserfolg quasi bestraft werden, irrt. Nichts wäre verhängnisvoller. Wirtschaftlicher Erfolg ist das Ergebnis richtiger ordnungspolitischer Weichenstellungen. Im Wettbewerb der Marktwirtschaften soll er anspornen, nicht Sanktionen provozieren.

Deutschland hat also vom Euro profitiert, wenn auch auf Umwegen. Und das Schöne: Es wird so bleiben, selbst wenn sich das Land mit dem Euro weiter quälen muss. Die Gefahren einer akuten Euro-Krise sind beherrschbarer als die der Finanzkrise 2008 – denn die deutsche Wirtschaft und Politik haben gelernt, auf Krisenmodus umzuschalten. Man muss sich nur im Mittelstand umsehen, da erlebt und erfährt man das. Kein Grund zur Panik also.

Sehr mutig – oder sehr naiv

Nun noch einmal die Frage: Deutschland raus aus dem Euro? Die politischen Argumente wurden erörtert, die ökonomischen sind nicht weniger gewichtig. Ein Austritt aus einer Währungsunion in einer so vernetzten *realtime* Welt wie heute wäre beispiellos. Der Euro stellt zum Beispiel gut ein Viertel der Weltwährungsreserven. Das Risiko für Ausstiegsländer ist unkalkulierbar hoch. „Wer solche Radikalforderungen aufstellt, muss sehr mutig sein oder sehr naiv", sagt Roland Berger. „Das bedeutet Vermögens- und Wachstumsverluste in radikalem Ausmaß. Das heißt sozialer Kahlschlag, mit gesellschaftlichen und politischen Spannungen bis hin zu bürgerkriegsähnlichen Zuständen in Europa."

Um es eine Nummer kleiner zu spielen: Sind wir uns eigentlich noch bewusst, wie sehr wir unsere Wirtschaftsentwicklung auch dem billigen Wechselkurs zu verdanken haben? Ohne den Süden würde der „Nord-Euro" in die Höhe schnellen. Die Exportindustrie, ein maßgeblicher Pfeiler des zweiten deut-

schen Wirtschaftswunders, käme unter Druck. Ein Teufels-
kreislauf von schrumpfendem Geschäft, Stellenabbau, Wachs-
tumseinbruch, Resignation entstünde.

Ausgerechnet die Schweiz liefert uns dazu dankenswerter-
weise Anschauungsmaterial. Seit der Euro-Krise litt sie unter
einem erheblich überbewerteten Wechselkurs, der auf der
heimischen Wirtschaft lastete. Es drohte eine Deflation. Wer
2011 in der Schweiz unterwegs war, wird es erlebt haben: Der
starke Franken war überall Thema. Am Ende hielt die Schwei-
zerische Nationalbank das nicht mehr aus, sie intervenierte an
den Finanzmärkten, verkaufte Franken, kaufte Euro. Und gab
bekannt, dass sie eine Untergrenze von 1,20 Schweizer Franken zum Euro um jeden Preis einzuhalten gedenke, zur Not
mit unbegrenzten Devisenkäufen. Fast 18 Milliarden Franken
mussten die Schweizer bisher aufwenden, um die eigene Währung zu schwächen. Damit binden sie sich an den Euro, ohne
beizutreten. Die Deutschen müssen nicht Trittbrett fahren –
sie sind ja schon im Euroraum.

Und Griechenland?

Viele, auch wohlmeinende Menschen sagen, ein Austritt Griechenlands aus dem Euro – manche sagen „für einige Jahre",
als ob man den Schalter einfach so an- und ausknipsen könne – sei die einzige Chance dieses hochverschuldeten Landes,
wieder Tritt zu fassen und seine geringe Wettbewerbsfähigkeit verbessern zu können. Das Land sei dann frei, seine wie-
dereingeführte Drachme (oder einen umgestempelten Euro:
welche Demütigung!) so lange abwerten zu lassen, bis die
Verhältnisse zum Rest-Europa wieder stimmen. Das würde dem griechischen Export helfen – aber welchem Export?
Gerne wird Argentinien als Vorbild genannt, das diesen Weg
einmal vorgemacht hat, heute wächst es wieder um acht Pro-

zent. Aber Argentinien hatte auch in der Not eine Industrie, Gas und Öl. Griechenland hat wenig zu bieten, außer Olivenöl und Tourismus. Wo soll das Wachstum herkommen ohne Hilfe von außen?

Stattdessen würden die dramatischen Kosten eines Austritts aus dem gemeinsamen Währungsraum zu Buche schlagen: Eine Rückkehr zur Drachme würde die Importe verteuern, häufig unbezahlbar machen. Maschinen, Arzneien, Technik, das alles könnte sich Griechenland gar nicht mehr leisten. Die Versorgungssicherheit geriete in Gefahr. Die Importpreise würden steigen und damit die Inflation, es käme zu einer Kapitalflucht von Anlegern in den Euro. Da die Schulden weiter auf Euro liefen, wäre ein enorm hoher Schuldenschnitt notwendig, der zu einem Zusammenbruch des heimischen Bankensystems (und einiger, besonders stark engagierter ausländischer Banken) führen könnte.

Fast mit Gewissheit wäre ein *Bank run* zu erwarten, der verzweifelte, aber vergebliche Versuch der Bürger, an ihr Geld zu kommen. Experten raten wohlmeinend, eine Währungsreform an den Weihnachtsfeiertagen durchzuführen. Athen müsste per Notstandsverordnung regieren. Die Armee müsste die Grenzen überwachen, damit niemand versuchte, Euro aus dem Land zu schmuggeln. Banküberweisungen wären verboten, der Flug- und Bahnverkehr müsste eingestellt werden. Allein diese ernstgemeinte Aufzählung zeigt, wie absurd die Vorstellung einer Wiedereinführung der Drachme ist. Man sollte ganz und gar nicht hoffen, dass Umstände eintreten, die die geschilderten Maßnahmen als „kleineres Übel" erscheinen lassen.

Die Anhänger dieses Weges sind bereit, den Griechen das alles zuzumuten, weil sie keine Alternative sehen. Das Land müsse

um 30, 40 Prozent abwerten, um wieder wettbewerbsfähig
zu werden, sagen sie, und intern – also durch Lohnverzicht
und Abbau von Sozialleistungen – gehe das nicht. Aber ist
nicht genau dieser Prozess im Gange? Werden die Reformen
weiter so durchgezogen wie versprochen, findet diese unge-
heuer schmerzhafte, aber notwendige Anpassung des Lebens-
standards an die tatsächliche Wirtschaftskraft bereits statt.
Nie ist ein so hilfloses Land in einer so verfahrenen Situation
aus einer Währungsunion ausgetreten. Das könnte bis zum
Bürgerkrieg gehen, die Zeit der Militärdiktaturen ist noch
nicht lange vorbei. Kann Europa, können die Deutschen das
wollen? Werden sie das dann aushalten? Wohl nicht. Besser
also, man hilft von innen.

Hinzu kommt die sehr reale Ansteckungsgefahr für andere
verschuldete Staaten, weil Anleger ihr Kapital in vermeintlich
sichere Staaten transferieren würden – die Eurokrise erreichte
eine neue Dimension. Kurz: Ein Austritt Griechenlands oder
anderer Schuldnerstaaten aus der Währungsunion, die Ver-
stärkung der Egoismen, ist keine gute Lösung.

Allerdings: Der Umkehrschluss – also mehr Europa – per se
auch nicht. Ein wirklich vereintes Europa, eine echte Wirt-
schaftsregierung würde eine erhebliche Kompetenzverlage-
rung in Kernbereichen der Wirtschaftspolitik von den Mit-
gliedsländern hin zur Europäischen Union erfordern. Die
Währungsunion ist jedoch bewusst so konstruiert worden,
dass die Länder miteinander mit ihrer Finanz-, Arbeitsmarkt-
und sonstigen Wirtschaftspolitik in Wettbewerb treten, ohne
die Instrumente der Geldpolitik zu nutzen. Ein europäischer
Bundesstaat dagegen würde, von der Frage seiner Verfas-
sungsmäßigkeit im deutschen Recht ganz abgesehen, ein
deutlich höheres Ausmaß an Umverteilung zwischen seinen
regionalen Einheiten als ein Staatenverbund bedeuten. Der

Sparanreiz für die hochverschuldeten Staaten wäre vertan, ein permanentes *Bail-out* nach dem schlechten Vorbild des deutschen Länderfinanzausgleichs die Folge.

Nicht Alleingang, nicht das einheitliche Europa – die Lösung liegt ganz offensichtlich dazwischen.

Was jetzt zu tun ist

1. Mehr Eigenverantwortung für die Staaten

Der Euro liegt, das sollte klargeworden sein, in der Konsequenz der jüngeren politischen Entwicklung Europas. Wirtschaftspolitisch betrachtet, ist er zu früh eingeführt worden, die eingebauten Sicherungen haben sich als zu schwach erwiesen. In der Not der aus der Finanzkrise erwachsenen Schuldenkrise haben die Euro-Staaten versucht, die Folgen unsolider Finanzpolitik durch noch mehr Geld zu bekämpfen. Damit haben sie vorübergehend Ruhe ins System gebracht – und zugleich eine überaus gefährliche Situation geschaffen. Wesentliche Steuerungsfunktionen einer Marktwirtschaft, die insbesondere Deutschland überhaupt erst so wirtschaftsstark gemacht haben, sind suspendiert worden. Daraus lassen sich konkrete Forderungen ableiten, wie Politik und Notenbank jetzt zu handeln haben.

Die Politik der immer höheren Rettungs- und Bürgschaftszahlungen – institutionalisiert im Rettungsschirm ESFS und im neuen permanenten Krisenmechanismus ESM und maßgeblich finanziert durch Deutschland – muss ein Ende finden.

Dafür ist es weniger entscheidend, ob es tatsächlich bei den 211 Milliarden Euro bleibt, die Deutschland als Obergrenze seiner Haftung explizit festgeschrieben hat, oder ob die Haftung im ESM eine Zeit lang parallel läuft (macht 400 Milliarden

Euro). Vielmehr kommt es auf die Richtung der weiteren Politik an: Nach der Phase der – auch unorthodoxen – Krisenmaßnahmen ist die Zeit reif für eine Phase mit mehr Marktwirtschaft, mehr Ordnungspolitik, mehr Eigenverantwortung. Der Natur eines Staatenbundes der besonderen Art, wie die EU einer ist, entspricht es, dass die Mitgliedstaaten ihre Finanzpolitik in eigener Verantwortung gestalten und für ihre Schulden (wieder) selbst haften.

Es muss eine funktionierende Insolvenzordnung für Staaten eingeführt werden. Dazu gibt es im ESM erste Ansätze, so die Vorgabe, dass ein Staat in Not mit seinen Gläubigern Verhandlungen über eine Umschuldung aufnehmen muss. Es kann aber nicht sein, dass – wie beim Stabilitäts- und Wachstumspakt – automatische Mechanismen fehlen und die Euro-Staaten den Krisenfall definieren, also potentielle Sünder über tatsächliche Sünder entscheiden. Mehr Automatismus braucht auch der neue Fiskalpakt, der von 25 der 27 EU-Regierungen (übrigens in nie geahntem Rekordtempo) beschlossen und nun ins jeweilige nationale Recht umgesetzt werden muss.

2. Weniger Geld von der EZB

Die Europäische Zentralbank muss auf den Pfad der geldpolitischen Tugend zurückkehren. Ihre Rolle hat sich in der Krise zum Schlechteren verändert. Sollte sie einst nach dem Vorbild der Bundesbank unabhängig sein, sich zuerst und vor allem um Preisstabilität sorgen und sich nicht in die Händel der Staaten einlassen, ist dieses ursprüngliche Konzept immer mehr in den Hintergrund getreten. Die EZB hat drei gefährliche Türen geöffnet. Erstens kauft sie seit dem denkwürdigen EU-Gipfel am 10. Mai 2010 in Brüssel aktiv Staatsanleihen von Krisenstaaten, für die sich am Markt aus guten Gründen keine Käufer finden.

Zweitens hat sie die europäischen Banken mit zwei zinsgünstigen Aktionen in der Höhe von zusammen sage und schreibe einer Billion Euro versorgt – in der Hoffnung, dass dieses Geld von den Geschäftsbanken an die Realwirtschaft weitergegeben wird und damit Investitionen ermöglicht. Damit hat sie aber auch den Banken europaweit die Konsequenzen für eine womöglich verfehlte Geschäftspolitik abgenommen. Drittens haben sich durch die Krise bei der Deutschen Bundesbank Forderungen gegen das EZB-System von mehr als einer halben Billion Euro angehäuft („Target-2"-Problem, siehe Seite 27).

Die bisherige Entwicklung ist das eine, schlimmer ist ein anderes Problem: Es mehren sich international die Forderungen, die EZB solle das alles in noch größerem Stil tun – also Geld drucken. So wie es die amerikanische Notenbank Federal Reserve (Fed) tut, die immer entschieden einschreitet, wenn es auf den Finanzmärkten brennt. Wenn das zur Dauerlösung wird, dann hat die EZB nichts mehr mit der alten Bundesbank gemein, als deren Ebenbild sie doch geschaffen wurde.

Was sie jetzt tut, beruhigt, birgt aber Gefahren: Erstens droht mittelfristig Inflation, zweitens nimmt es den Reformdruck von den Staaten, drittens wird sie Spieler, dafür hat sie aber keine demokratische Legitimation, und viertens drohen brutale finanzielle Verluste, wenn sie die Staatspapiere eines Tages abschreiben müsste.

3. Schluss mit den Horrorszenarien

Hinter den Forderungen vor allem aus den Vereinigten Staaten nach mehr statt weniger Geld steht die ganze Wucht der internationalen Finanzindustrie und ihrer Jünger. Deren Horrorszenarien ist viel zu lange geglaubt worden. Es muss Schluss sein mit dem Gerede von einer angeblichen Alternativlosigkeit der Maßnahmen. Zu lange hat auch der Verfasser dieser Zeilen diese Position eingenommen, wenn auch mit schlechtem Gewissen. Hat sich zu einer Meinung gezwungen, die verbreitet war, deren letzte Stichhaltigkeit aber nicht überprüft werden konnte. Hat nach dem Lehman-Schock im September 2008 grimmig die Ansicht geteilt, dass man keine Banken pleitegehen lassen dürfe. Grimmig deshalb, weil die Marktwirtschaft eigentlich bedingt, dass jeder für seine Fehler einzustehen hat. Tut er in der Praxis aber nicht, weil die Wissenden raunen: *too big to fail*. Wer will schon die „Kernschmelze des Finanzsystems" erleben, den „Super-Gau" befördern?

Schon die Wortwahl ist verräterisch. Kernschmelze, das waren Tschernobyl und Fukushima. In den Euro-Ländern geht es um die Gefährdung des erreichten Wohlstandsniveaus, was schlimm genug ist, aber kein Weltuntergang.

Dass ausgerechnet die Banker Panik schieben, hängt auch mit deren Selbstsicht zusammen. Lange waren die Fürsten des Geldes unangreifbar, die Welt lag ihnen zu Füßen. Sie kreierten Geld, garantierten Innovation und Wohlstand. Die Politik überbot sich mit Hilfestellungen, Deregulierung der Finanzmärkte inklusive. Nun spüren die *Masters of the Universe* einen nie zuvor erlebten Kontrollverlust. Sie sind darauf nicht vorbereitet und können nicht damit umgehen, und diese Stimmung verbreiten sie.

Also reden uns die Apokalyptiker ein, es drohe alles ganz schlimm zu werden. Im Dezember 2011 stellte die *Financial Times Deutschland* einen ganzen Teil der Zeitung unter den Titel „Europa am Abgrund", beschäftigte sich fast nur mit den Folgen eines Auseinanderbrechens der Eurozone und illustrierte das Ganze großflächig mit Szenen aus dem Triptychon „Das jüngste Gericht" des deutschen Malers Hans Memling aus dem 15. Jahrhundert. Wer noch nicht genug hatte, der bekam im Kommentarteil ein Stück unter der Überschrift „Merkel stalkt Europa ins Desaster. Eine deutsche Tragödie" nachgereicht. Geht's vielleicht auch eine Nummer kleiner?

In den USA, in England, in Asien – überall wird fleißig Geld gedruckt. Dieser „Tsunami billigen Geldes" (so Brasiliens Präsidentin Dilma Rousseff) wird seinen Weg in die Wirtschaft finden, und das kann in einer schlimmen Inflation enden. Die Geldentwertung kündigt sich schon an, sie kommt über den Anstieg der Rohstoff-, Gold- und Immobilienpreise. Das Preisstabilitätsziel von knapp zwei Prozent wird 2012 deutlich übertroffen werden, die Prognosen orientieren sich Richtung drei Prozent. Damit haben bekanntlich fast nur die Deutschen ein Problem, was sich aus ihrer Geschichte erklärt. Dafür werden sie zu Unrecht belächelt. Inflation ist die unsozialste aller Wirtschaftspolitiken.

Trotzdem gilt es international als Gebot der Stunde, die Märkte zu fluten, das System in Bewegung zu halten – nur dass niemand wirklich zu erklären weiß, was dann kommt.

Dabei ist doch erkennbar zu viel, viel zu viel Geld in der Welt.

Das Geld muss raus aus dem System. Glauben wir nicht länger denen, die uns sagen, es muss alles geflutet werden, weil es sonst einen großen Crash gibt.

Nun spätestens ist es an der Zeit, den Schutzmechanismus für die Banken und das Geldsystem insgesamt abzubauen. Von Schocksituation kann nach fünf Jahren Geldkrise keine Rede mehr sein, es gibt gute Gründe für die Vermutung, dass mittlerweile weniger Hilfe nicht mehr Chaos heißt. Das bedeutet dann auch für die überschuldeten Staaten: Steigende Zinsen, wachsende Abstände zur Zinssituation starker Staaten sind nicht länger die Vorboten der Apokalypse, sondern Marktsignale, die zu ignorieren man sich fürderhin verbieten muss.

4. Sparkurs fortsetzen

Euro-Staaten und EZB haben Zeit gekauft, aber die Zeit ist teuer bezahlt. Nun müssen die Maßnahmen greifen, um derentwillen diese Zeit erkauft worden ist.

Der Reformdruck in den Schuldnerstaaten muss aufrechterhalten werden, besonders in Ländern wie Italien, Spanien, Frankreich. Sie können sich, ausgestattet mit einer nennenswerten Produktionsstruktur, anders als Griechenland, selbst helfen. Es gibt keinen Anlass, hier nachzugeben.

Die jeweiligen Sparprogramme sind umstritten, sie werden mit dem Begriff „Kaputtsparen" diffamiert. Sie sind aber notwendig, um überhaupt die Voraussetzungen für spätere Wettbewerbsfähigkeit zu schaffen – das gilt selbst oder gerade im geplagten Griechenland. Dort ist ein überaus schmerzhafter, aber hoffnungsvoller Anfang gelungen. Der Abbau des Haushaltsdefizits um, laut Regierung, acht Prozentpunkte in den vergangenen zwei Jahren ist eine Rekord-Konsolidierung. Er hat Beschwernisse für die Menschen, eine tiefe Rezession und eine sehr hohe Arbeitslosigkeit mit sich gebracht, und dies wird voraussichtlich noch lange Zeit so bleiben. Griechenland erkämpft sich damit aber Stück für Stück Wettbewerbsfähigkeit zurück.

5. Aufbauhilfe leisten

In diesem düsteren Umfeld sind gleichzeitig mutige Initiativen erforderlich, Wachstumspotenzial zu entfalten. Sparen ist notwendig, ausschließlich allerdings zu wenig. Das gilt insbesondere für Griechenland, das es allein nicht schaffen kann. Es ist dann gerne von einem Marshall-Plan die Rede, in Erinnerung an die Hilfsmaßnahmen vor allem für das zerstörte Deutschland, ausgehend von der berühmten Rede des US-Generals Marshall an der Harvard-Universität 1947: Europa, der sterbende Patient, sollte – und wurde – mit 100 Milliarden Dollar aufgepäppelt.

Ein Marshall-Plan für Griechenland? Wenn man genauer darüber nachdenkt, stellt man fest, dass das Bild eigentlich schief ist. Denn Marshall-Hilfe, also Geld, ist ja längst geflossen, und zwar mehr als genug (z. B. aus den Struktur-, Sozial- und sonstigen Fonds der Europäischen Union), und das ist ja zusammen mit der süßen Versuchung des Euro das Problem gewesen. Worum es aus ordnungspolitischer Sicht gehen muss, das ist der Aufbau neuer Strukturen: gute Institutionen, Rechtssicherheit, Aufbau eines Katasterwesens, Flexibilisierung der Märkte, auch der Arbeitsmärkte, mehr Privatisierung, mehr Wettbewerb.

Wirtschaft und Wachstum braucht Vertrauen. Vertrauen kann man mit Geld nicht kaufen!

Es geht um Grundsätzliches, aber auch um konkrete Projekte, die ausländische Investitionen im großen Stil ins Land bringen. Angefangen mit dem griechischen Privatisierungsprogramm der Energieversorgung bis zu den Häfen, Flughäfen und Spielkasinos. Ein weiteres Beispiel ist Hellinikon, das größte urbane Entwicklungsprojekt Europas, das auf einem ehemaligen Flughafengelände entsteht. Weitere private Investitionsmöglichkeiten bieten sich im Tourismus, in der Logistik, im Abfallmanagement und auf dem Gebiet der Erneuerbaren Energien. Griechenland hat 300 Sonnentage im Jahr. Die Sonneneinstrahlung liegt um 50 Prozent höher als in Deutschland oder anderen mitteleuropäischen Ländern. Wie widersinnig ist es da, dass Griechenland Öl und Gas importiert, aber keine Sonnenenergie exportiert. Das Projekt Helios, eine Initiative der griechischen Regierung, verfolgt das Ziel, diese kostengünstige und erneuerbare Energiequelle zu Geld zu machen. Im Rahmen dieses Projekts sollen bis 2020 schrittweise zehn Gigawatt an Solar-Kapazitäten in Griechenland errichtet und dieser Strom dann in andere Länder exportiert werden, insbesondere nach Mitteleuropa.

Wenn man das aber richtig macht, dann entsteht mit der Zeit (und wir reden über Jahrzehnte) in Griechenland und anderswo das, was die Kritiker der Deutschen von den Deutschen fordern: die Ausbalancierung der Wirtschaftskräfte – aber anders herum als gedacht. Es ist ja durchaus wichtig und richtig, die Handels- und Kraftungleichgewichte auszutarieren, weil alles andere auf Dauer zu gefährlichen Instabilitäten führt. Also: Ja, wirtschaftliches Aufrüsten in den jetzigen Problemstaaten, aber eben nicht durch deutschen Selbstverzicht, sondern durch den Beginn eines Aufholprozesses der anderen.

6. Die Finanzwelt besser kontrollieren

In der Finanzkrise waren sich die Staaten der Welt (G 20) einig, dass die Banken anders und besser reguliert werden müssen. Die Jongleure des Geldes müssen in die Verantwortung gezwungen werden. Diese Forderung war und ist unerlässlich, erst recht und vor allem aus ordnungspolitischer Sicht: Der Markt soll seine kraftvolle Wirkung entfalten, aber der Staat gibt dafür den Rahmen vor. Dazu gehören einige für die Marktwirtschaft fundamentale Prinzipien, darunter das der

Eigenverantwortung; es wurde vor der Finanzkrise mit Füßen getreten. Schlimmer: Es hat nach der Krise viel Palaver, aber kaum neue Regeln gegeben, um diesen Zustand zu ändern. Wer argumentiert, dazu sei keine Zeit gewesen, die nächste (Euro-)Krise habe ja schon vor der Tür gestanden, verkennt den grundsätzlichen Charakter des Prinzips Verantwortung.

Die Euro-Krise wird sich nicht lösen lassen, wenn nicht das vom Thron gestoßene Verantwortungsprinzip wieder in Amt und Würden gesetzt wird. Dass dies nicht geschieht, hängt wesentlich mit dem Widerstand von City Hall und Wall Street, also von London und Washington zusammen. Dies festzustellen, ändert aber nichts an der Schlüssigkeit der Forderung.

Zwei Beispiele, was geschehen muss, und eines, was man bleiben lassen sollte: Statt weicher und manipulierbarer Regeln („Basel II und III") braucht es vor allem feste und straffe Mindesteigenkapitalanforderungen für alle Finanzakteure. Die „Schattenbanken", ob Indexfonds, Geldmarktfonds, Zweckgesellschaften, Private Equity Firmen oder Hedgefonds, also alle Finanzinstitute, die nicht Banken sind, müssen in das Regelwerk integriert werden; heute schon ist erkennbar, dass in diesem Bereich die nächste Krise heranwächst.

Keinen Sinn macht in diesem Zusammenhang allerdings die viel zitierte Finanztransaktionssteuer. Sie spült im besten Fall Geld in staatliche Kassen, Geld, das letztlich nicht von den Bankern, sondern von deren Kunden (darunter knapp kalkulierende Unternehmen) kommt. Da wesentliche Staaten sich diesem Instrument verweigern, wird es darüber hinaus auch noch massive Standortnachteile haben für jene, die hier vorangehen. Je intensiver über dieses Thema diskutiert und gestritten wird, desto mehr Zeit geht verloren für die wirklich wichtigen Maßnahmen.

7. Für einen besseren Euro kämpfen

Am Ende werden die nächsten Monate und Jahre ein großes Durchwursteln sein! Nicht von ungefähr ist *Muddling Through* eine seit vielen Jahren in der Gesellschafts- und der Organisationstheorie erforschte und debattierte Konzeption. Sie ist mehr als eine ungenügende Variante zur Problemlösung, sie ist eine Alternative mit Potential. Je komplizierter die Zusammenhänge sind, je mehr nicht nur fachspezifische – also zum Beispiel ökonomische – Zusammenhänge zu bedenken sind, sondern auch politische, kulturelle, strategische Überlegungen eine Rolle spielen, desto wichtiger wird die Methode des Durchwurstelns.

So wird, so soll, so muss die Zukunft der Euro-Rettung aussehen: Nichts wird stimmig sein, vieles halbgar. So ist das Leben, so ist Politik, das ist das, was die verbissenen Euro-Gegner nicht wahrhaben wollen. Es wird ein mühsamer Prozess des Vor und Zurück, ein Projekt für Sisyphos. So steht am Schluss dieser Schrift erneut ein Bezug zur griechischen Tradition; das kann kein Zufall sein.

Schwierige Jahre liegen vor uns. Aber am Ende könnte Europa sich neu erfunden haben. Krise heißt nicht notwendig Katastrophe. Es ist doch auffällig, dass derzeit nirgends in der Welt so grundlegende Reformen angestoßen werden wie in Europa und einigen seiner Mitgliedstaaten. Was dabei herauskommen kann, wird nicht vollkommen sein, weder einfach noch preiswert.

Die Stabilisierung des Eurosystems und die Bewahrung des Wohlstands in Europa wird vor allem Deutschland viel Geld kosten. Ein deutscher Alleingang wäre mutmaßlich viel teurer.

Deshalb müssen wir uns schleunigst aus der Ja/Nein-Diskussion verabschieden und uns auf die konkrete Bewältigung der Krise konzentrieren.

Die Einführung des Euro war eine Wette auf die Zukunft. Diese Wette, liebe Euro-Gegner, ist noch nicht verloren, wir können immer noch gewinnen. Wir müssen es aber, alle zusammen, auch wirklich wollen.

Chronologie der Krise

1970	„Werner-Plan" für eine europäische Währung ab 1980
1979	Europäisches Währungssystem (EWS)
1989	„Delors-Bericht" zur Verwirklichung der Wirtschafts- und Währungsunion in drei Stufen
1990	Deutsche Wiedervereinigung
1992	Maastricht-Vertrag mit Konvergenzkriterien für eine Währungsunion
1993	Bundesverfassungsgericht billigt Maastricht-Vertrag
1997	Stabilitäts- und Wachstumspakt
1998	Bundesverfassungsgericht billigt Euro-Einführung
1999	Neue Währung für zunächst 11 (heute 17) Länder
2001	Beitritt Griechenlands zum Euro
2002	Euro wird gesetzliches Zahlungsmittel
2007	Beginn der Finanzkrise
2008	Investmentbank Lehman Brothers pleite. Weltfinanzkrise eskaliert
2009	Neue griechische Regierung Papandreou offenbart das wahre Ausmaß der Schulden

02.05.2010	Erstes Rettungspaket von EU und IWF für Griechenland über 110 Milliarden Euro Kredit (deutscher Anteil 22,4 Milliarden Euro)
07.05.2010	Zustimmung Bundestag und Bundesrat, Professoren-Klage gegen die Euro-Rettungshilfen
10.05.2010	Provisorischer Rettungsschirm bis 2013 von EU und IWF mit 440 Milliarden Euro Ausleihvolumen (EFSF). Die EZB kauft erstmals Staatsanleihen der Problemstaaten
21.05.2010	Zustimmung Bundestag und Bundesrat
21.11.2010	Irland erhält 85 Milliarden Euro Kredit
09.02.2011	Bundesbank-Präsident Axel Weber verzichtet auf Chefposten bei der EZB
08.04.2011	Portugal erhält 78 Millionen Euro Kredit
20.06.2011	Ausweitung des EFSF. Deutschland bürgt jetzt mit 211 Milliarden Euro
21.07.2011	Zweites Hilfspaket für Griechenland über 109 Milliarden Euro. Banken und Versicherungen beteiligen sich zusätzlich mit 37 Milliarden
29.09.2011	Zustimmung Bundestag
27.10.2011	EU-Doppelgipfel mit zahlreichen Beschlüssen
21.12.2011	EZB stellt 490 Milliarden Euro Kredite für Geschäftsbanken zur Verfügung. Weitere 530 Milliarden im Februar 2012
23.01.2012	Einigung auf dauerhaften Europäischen Stabilitätsmechanismus ESM mit 500 Milliarden Euro Ausleihvolumen. Deutschland bürgt mit 190 Milliarden Euro
30.01.2012	25 von 27 EU-Staaten beschließen Fiskalpakt
09.03.2012	Einigung über Umschuldung Griechenlands. Ein Teil der Schulden wird erlassen

DR. MARC BEISE

Jahrgang 1959, Leiter der Wirtschaftsredaktion der Süddeutschen Zeitung. Zuletzt erschienen: „Peanuts. Alles, was man über Wirtschaft wissen muss" (2011), „Ausplünderung der Mittelschicht" (2009), „Deutschland falsch regiert" (2006).

Wir sind viele
Eine Anklage gegen den Finanzkapitalismus
Von Heribert Prantl
Format: 12,5 x 18,5 cm
Broschur
48 Seiten
ISBN: 978-3-86615-999-0
4,90 € (D) / 5,10 € (A)